U0916887

潘新和谈语文教育

潘新和◎著

江苏凤凰科学技术出版社
·南京·

图书在版编目（CIP）数据

潘新和谈语文教育 / 潘新和著. -- 南京：江苏凤凰科学技术出版社, 2018.4（2020.7 重印）
ISBN 978-7-5537-9171-5

Ⅰ. ①潘… Ⅱ. ①潘… Ⅲ. ①语文教学—教学研究 Ⅳ. ①H19

中国版本图书馆CIP数据核字（2018）第071454号

潘新和谈语文教育

著　　者	潘新和
责任编辑	吴梦琪
责任校对	郝慧华
责任监制	曹叶平　周雅婷
出版发行	江苏凤凰科学技术出版社
出版社地址	南京市湖南路1号A座，邮编：210009
出版社网址	http://www.pspress.cn
印　　刷	溧阳市金宇包装印刷有限公司
开　　本	700mm × 1000mm 1/16
印　　张	13
字　　数	146 000
版　　次	2018年4月第1版
印　　次	2020年7月第2次印刷
标准书号	ISBN 978-7-5537-9171-5
定　　价	38.00元

图书如有印装质量问题，可随时向我社出版科调换。

前言

超越“理解”，聚焦“转化”

这是本较为实用、好读的书。

先对本书核心概念“表现—存在本位”作点诠释。要从课程层面来理解，如以为这只是教法，就狭隘化了，贬低了其意义。

“表现—存在本位”，是我的“言语生命动力学表现—存在论”语文学的一个重要命题，表明这是以“言语生命”为元动力，以“立言”彰显生命“存在”价值的人的教育；言语表现，是为了人、人类的精神“存在”。

“表现—存在本位”的表现，包含说与写，二者中“写”尤其重要，因此，也可简称为“写作本位”，表明“言语表现”是以“写作”为基本形态。写作，是人类文化、精神创造的主要呈现方式，写作是语文教育的主要目的，是语文课程的核心与龙头，语文教学应“指向写作”，以提高学生言语表现、写作素养、能力为归宿。

“表现—存在本位”与“表达本位”有本质不同。

“表达本位”是对应于语文课程性质的“语用”定位，是基于“应付生活论”“工具性”认知而提出来的。“表达本位”所谓的“表达”，指的是写作最后那个“语词化”环节，“表达本位”是指向言语形式技能的训练、掌握、应用。与基于立言的“表现—存在本位”教育，注重言语素养的全面涵养、培育，是截然对立的两极。这一根本分际务必谨记，切勿混淆这两个概念。否则，教学实践必然走偏，将重蹈语文教育之覆辙。

本书的“表现—存在本位”讨论是全方位的，但在一定程度上向教学实践层面倾斜，因而相较于我的《语文：表现与存在》更接地气，希望能为倾心于“表现本位”教学实验的教师提供参考与借鉴。

这些年，我的“表现—存在本位”观逐渐深入人心，特别在小语界，“指向写作”教学蔚成风气。许多教师身体力行，精神可嘉，令我欣慰、感动。但无须讳言，他们对“表现—存在本位”认知尚有模糊、偏颇之处；心里没谱，教学便跑调。多数课走的是读写结合的老路，或流于写作技能训练。我在各地听课，特别满意的不多，主要是“阅读本位”思维定式根深蒂固，一不小心，就回到“理解”“读懂”的文本细读上去；或以为加一些说写练习的“浇头”，便功德圆满。

这也难怪，认知不能一步到位，实践不会一蹴而就。我本人对“表现—存在本位”教学也还在不断探索、思考、完善中，这是永远的进行时；一线教师的思维惯性与懵懂，自然在所难免。要说谁的错，首先是我，以其昏昏，岂能使人昭昭？即便已然昭昭，也有个传达、领会、消化过程。尽管我尽量多传播、沟通，毕竟联系面有限，要让广大教师听到、接受，并创造性地呈现出来，靠我一己之力是几乎不可能完成的任务。

自从《语文：表现与存在》问世后，我一直在考虑如何进一步使理论与实践对接。如果做不到这点，再好的理论其生命力也有限。平时读书、思考、写作，与教师接触交流、听课、评课，常诱发我的灵感，使我得以有所创获。课程本体论上培育“立言者”的高标定位，教学论上以“动机、价值观素养”为核心的五大素养（动机、价值观素养，知、情、意素养，体式素养，行为素养，创智力素养）结构的确立，教法论上“一体两翼”（以经典诵读、研读，写读书札记为“一体”；以论辩写作——论文写作，与演说、辩论活动为“两翼”）平台的设置等，都是这几年逐步明朗、清晰起来的。现在，我对“表现—存在本位”教学的思考大致成型，终于能做到将本体观贯穿、体现于实践论中，将以“立言”为高标的教育信念，通过相匹配的教学、教法贯彻到底。对教学实践的洞彻，使我的理论底气更足。

在评课时，我有了新的眼光、尺度，得以在“表现—存在本位”认知背景下，胸有成竹、游刃有余地对课堂教学的具体状况，做出与众不同的解读、评判。而且，我常能设身处地为教师提出教学建议，与他们交流如果我上这一课想做点什么，是否还有别的教学目标、思路、方法，为他们提供“表现—存在本位”教学的参照、参考。

虽然思无止境，“表现—存在本位”教学认知仍需修正、更新与丰富，但不能不对“阅读本位”与“表现—存在本位”先行立界，让大家有章可循、有法可依，便于教学运作。“阅读本位”与“表现—存在本位”教学最基本的分野：前者是占有，后者是拥有；前者是吸收，后者是创造；前者是为生存，后者是为存在。如果说“阅读本位”教学重在读懂、理解文本，是“装知识”；“表现—存在本位”教学则重在对所学的转化、创化，为言语表现、写作做准备，为立言奠基。“表现—存在本位”教学，“转化”是其关键词。不是围绕着“理解”不遗余力，而是为“转化”竭尽全力。

“表现—存在本位”教学，是借助所有的手段，包括读、写、听、说以及各种语文活动与教学方法，使相关的志、知、情、意、能（或上文提及的五大素养），“转化”为学生的志、知、情、意、能，是在“转化”要求下的“理解”，在“理解”基础上超越性地“转化”。决不为读而读，不停留于对文本、知识等的“理解”“吸收”上，或读写结合的写作技能训练上。语文教育、教学，要使学生在志、知、情、意、能五个方面有所提高（每次上课的教学目标不是理解文本、知识，而是指向这五个方面中某一方面的“转化”；可兼顾其他，但不面面俱到），使原本他人、文本的志、知、情、意、能，变成学生自己的志、知、情、意、能，变成可自由支配的言语创造动力、资源、才能。“转化”累积到一定程度，即具备了基本言语表现素养、写作素养。这是一个水到渠成的涵养、渐悟过程。

由关键词“转化”，可延伸出诸多相关行为——代入、置换、转换、迁移、体验、内省、内视、反思、比较、质疑、批判、反驳、证明、证伪、猜测、想象、再创造……对教学内容、文本、活动等的“理解”“吸收”，只是获取言语表现素养的跳板、桥梁，是手段，不是目的。目的是使学生通过这些教学行为，获得可支持其言语表现的志、知、情、意、能。教师教学智慧主要体现在帮助、促成学生的“转化”上。是否将教学目标定位在“表现”上，教学重点放在“转化”上，“转化”什么，如何“转化”，“转化”方法得当与否，“转化”效果怎样……是我评课的基本标准，也是对教师备课、上课的基本要求。在我看来，只是理解、接受、吸收、占有的课，从表面看，也许师生互动良好、配合默契，上得生动活泼、精彩纷呈，但其实没多大意义。要是学生言语动能没被激发，言说欲、表现欲、创造欲没得到滋养，他人、文本的知、情、意没有转换成自己的知、情、意，其感知力、思维力、想象力等没有得到提升，也是不合格的。

教师的教学智慧、能力集中体现在“转化力”上。

立足于“转化”的课，也有高下之分。如，“转化”什么，便是个问题。目前，绝大部分教师“转化”的是写作技能，以为这就是“指向写作”的全部。“写作系技能”“技能主义”“训练主线”等观念，浸润、渗入到他们的血液中，一说写作，想到的就是技能训练。培养写作技能不是不需要，但这只是言语素养之一，属于志、知、情、意、能的“能”的范畴，甚至不能算是“能”的最重要的内容。

写作虽然有技术性要求，技术主要是对写作形式而言，是给内容赋形的。要赋形，先要有表现欲望，有想要表现、值得表现的材料、内容——知、情、意，有丰厚的积淀、素养，有良好的思想力、想象力、创造力等，缺乏这些，就是有高超的写作技术，有所谓良好的“语感”，又能写出什么？

进一步看，写作体式上千种，写作技法无穷多，该练哪些技法？即便啥事不做，成天傻练技法也练不完。更何况“文无定法，文成法立”，优秀的文章，“无法之法”胜“有法之法”；高明的作者，“技”进乎“道”，以“道”驭“技”。诚如朱熹所言，“道”是根本，“文”是枝叶，“文”是从“道”中流出来的。其实，只要学生喜欢写、经常写，学点“技”不难，未必都需要教。哪一位成功的作者，是一种一种写作技法训练出来的？可见，只盯着写作技能“转化”的课，充其量是“写作本位”末流、劣质课。忽视为“立言”奠基、为“言语表现”立本，不能算真正的“写作本位”教学，实即工具主义的“表达本位”教学。

可悲的是，一些学者、教师见“技”不见“道”、见“文”不见“人”，在他们的精心训练下，学生学会了一些语文知识、读写技术——能识字、朗读，能配合老师的要求，形式主义地合作、讨论、探究、读整本书，能模仿文本中的一些句式、段式，运用一些修辞手法，写出一些或文从字顺或言辞华丽的文章，应试得高分等。他们对此沾沾自喜、津津乐道，以为这才是看得见的、有实效的课。其实，这是长期工具主义、经验主义、功利主义思维结出的“苦果”。殊不知，读万卷书、写“辞章之文”不足道，满足日常“语用”需求只是语文教育的低标；稍有点理论常识的人都知道，写作真正要追求的是“道之文”“学问之文”。“道”“学问”才是写作之本，它重在“虚心涵泳、切己体察”，得靠“养”与“悟”来提升，不是靠照葫芦画瓢地“练”能奏效。工具主义、经验主义、功利主义是语文教育的死穴、死敌。

更可悲的是，有些教育者竟然不知道学校教育、语文教育宗旨是什么，只是以为学校教育的目的就是给予学生知识、技能，应付谋生应世之需，而将学校视为职业技术培训机构。在这一认知下，语文课程目的自然便是学习语用技能，掌握听、说、读、写能力，或再加上点文学教育、人文教育作为“调味剂”，即所谓“工具性与人文性的统一”，以示不偏不倚，得中庸之道。实际上这并没能改变教育本末倒置、目中无“人”的状况。

值得庆幸的是，我改变不了的“工具性”“应用性”痼疾，科学已经在悄悄地改变一切。语文“工具性”“实利性”的语用认知的破产，指日可待。可以预见，在不久的将来，所有“技之文”读写，将被人工智能代劳，甚至超越。许多应用写作软件已经实用化，比今天多数大学毕业生写得更快、更好。不少应用文、实用文已无须人来写，甚至连诗歌、小说，也可以交由机器人完成。要到现实使之别无选择之时，某些人才会意识到语文“工具主义”“技术主义”已到穷途末路，才会幡然悔悟：需要人写的，应是那些机器写不出来的——那不就是"道之文""学问之文"？才会明白：要培养存在性言语动机和高度的想象力、原创力，要造就思想、文化、精神生产者——那不就是要培育"立言者"？

平心而论，我对任何人都不持成见，不想与谁较劲争锋；批评对事不对人，说过就忘，从不心存芥蒂。我诚挚地希望反批评，渴求真正的学术争鸣。我坚信，研究与教学，是在思想摩擦、碰撞中进步的。我敬重博学多闻、明理通彻之士，即使他未必与我观点一致。

"德不孤，必有邻"，我有不少论敌，但同道更多。我常在各地讲座、听课、评课，我喜欢与老师们交流，也喜欢听一些有学术含量、真知灼见的讲座。许多学校我去了多次，杭州"千课万人"教学观摩会去的次数最多，可能有二三十次了吧，我感谢他们的真诚信赖与盛情邀请。我从与教师的交往、交流中学到很多，想了很多；认识了许多朋友，拥有了众多"粉丝"。他们给予我深厚的友情与温暖，使我能无欲无求、坚定不移地走我的路。

平时殚精竭虑于"表现—存在本位"，将思之所得付诸交流，又生发出许多新感触。于是，再思考、读书，将心得写成长长短短的文章——不知不觉积攒下好几十篇，结集成这本书，算是对同道、友人的微薄回馈。

但愿本书对读者诸君有点助益。

目录

第一章

语文立言之观

表现与存在：语文学再出发

——我国现代语文教育审视与前瞻

20 世纪初草创的我国现代语文教育，一个多世纪来收效甚微、每况愈下。其发轫伊始，“国文退化”“抢救国文”等质疑、责难之声便不绝于耳。及至 1942 年，改革派领军人物叶圣陶先生终于承认：“国文教学几乎没有成绩可说。”1978 年，语言学界泰斗吕叔湘先生在《人民日报》著文评论：“十年的时间，2700 多课时，用来学习本国语文，却是大多数不过关，岂非咄咄怪事！”1995 年，语文界第二代掌门人张志公先生坦承：“中国人学自己的语文甚至比学外语还要难，这是说不过去的事！我们这些搞语文的人是要承担责任的。”

2007 年，《羊城晚报》记者采访著名作家王蒙，他说，“语文教学和文学解读把孩子教傻了”“我要是考作文，都能交白卷”。2007 年和 2008 年，北京大学温儒敏先生分别对北大中文系新生与外校学生调查：学生对中学语文教学不满乃至反感。2012 年，教育部普通高中课标调研组大范围调查：学生对语文教学评价为所有学科倒数第一。2013 年 2 月 1 日《中国青年报》撰文《北大教授呼吁：救救语文教育》，北京大学张海霞教授因绝大多数学生文稿不通，批评：“这语文都怎么学的?！”疾呼：“救救语文教育，救救我们的中华文化。”引发了学者广泛共鸣。

母语教育兴衰，事关国民基本素养，科学、文化进步，民族前途、命运，不可等闲视之。语文教育亟须正本清源、改弦易辙，期待再出发。

一、现代语文教育发轫：夹生的转型

清末民初语文教育仓促转型之时，便已埋下百年衰败之因果。

禁八股，废科举、兴新学，辛亥革命，废止读经科，“打倒孔家店”，文学革命，白话文运动，西学东渐等，是现代语文教育发端的政治、文化语境。疾风骤雨式的社会、时代转型，学界顺势而为，匆匆剪断旧教育的脐带，急切拥抱新教育的呱呱坠地。

现代语文教育以反封建、科举教育为旗帜，从贵族、古典教育向平民、白话教育转向。教育目的从“为功名利禄”向“为生活”“为人生”改变。陈独秀、胡适们倡导古典向写实、文言向白话转型的文学革命，蔡元培、黎锦熙们鼓吹“言文一致、国语统一”的教育革命，他们对传统文化、教育精神的反叛与决裂这一历史功绩不容置疑，然而毋庸讳言，不论在当时还是后来，他们均未对传统教育进行深思熟虑的全面、系统的检讨，对其正面认知严重不足。

旧教育几乎被全盘否定。据刘国正主编《叶圣陶教育文集》所载，叶圣陶说：“教育不以生活为本位而以知识为本位，是一大毛病。由于不以生活为本位，所以不讲当前受用……这种精神是承袭传统的教育精神而来的”“旧式教育是守着古典主义的……旧式教育又是守着利禄主义的……”“必须有正确的认识……就是抛弃旧式教育的古典主义和利禄主义”。他们对知识本位、古典主义、利禄主义等一概加以排斥，主张从求知识、功名，转向求应用、实利。对此当时虽有异议，但主流观念是为人生（改善物质生活），讲求当前受用。讲传统文化、孔孟之道，往往被视为封建孤臣余孽、守旧派。

教育界先驱义无反顾地抛弃了传统，转向西方获取思想资源。蔡元培、陈独秀、黄炎培、陶行知、胡适、叶圣陶……不约而同地欣然接受了美国实用主义哲学家杜威的“教育即生活”“学校即社会”“工具主义”“实验主义”“做中学”等观点，以“生活本位”“应付生活”“工具性”为语文教育宗旨。有人认为，杜威对中国哲学的影响是短暂的，然而对中国教育的影响是深远的，诚哉斯言。大约当时谁也不曾想到，这些新教育草创期“舶”来的观念，竟主宰了语文界一个多世纪，至今仍被奉为圭臬。

二、“应付生活”本体论：信仰缺失

现代语文教育本体论是“应付生活”，与此相应的功能论是“工具性”：“……养成善于运用国文这一种工具来应付生活的普通公民”，这一认知深深烙下杜威的印记。这里的“生活”，主要指日常、社会生活；应付生活，即满足谋生应世之需（不包括满足人的言语本性、精神生活、自我实现需求等）。在 20 世纪初文盲充斥、民不聊生的时代，其合理性不容置疑，缺失也显而易见：忽视人文、终极关怀——言语生命、精神思想的培育，重“生存”轻“存在”，重“当下受用”轻“文化涵养”等（这由蔡元培先生 1912 年甫一就任教育总长便废止“读经科”可见一斑）。语文教育失却文化、精神血脉，困顿萎靡便不可避免地发生了。

在“应付生活”本体论下，国文界将传统教育的精华与糟粕一锅烩了，在批判利禄主义的同时，对古典主义不进行具体分析便贸然否定。叶圣陶先生说：“旧式教育是守着古典主义的：读古人的书，意在把书中的内容装进头脑里去，不问它对现实生活适合不适合，有用处没有用处；学古人的文章，一再把那一套程式和腔调模仿到家，不问它对于抒发心情相配不相配，有效果没有效果。”这是对古典主义有失公允的阐释，没有看到读经、史、诗词、古文等对人生、人格的滋养，是其题中之意、精髓所在。只看到“不讲当前受用”，忽视其“大用”：文化熏陶、立德养气、精神承传，以及培养内圣外王、立言者等，忽视其人文情怀、言语信仰的养育作用。殊不知，古典主义教育，单单一句“不学《诗》，无以言”，就足以点亮学子心灯，烛照人生、温暖终身。其作用胜过为“应付生活”“工具性”说上千言万语。这是时代局限使然，是学界的共识，并非叶圣陶先生个人偏见。

“应付生活论”“工具论”，其本质是实利主义，强调语文器用性，以获取直接功利效益为行为准则。把语言（语文）理解为应付生活（物质、社会生活）的工具，以技能化、应用化训练，取代古典主义教育，贬抑其生命性、人文性、精神性。子曰：“有德者必有言，有言者不必有德。”“君子喻于义，小人喻于利。”“君子不器。”——“应付生活论”“工具论”注重言语应用，使民众获得文化实惠，提高谋生能力，改善生存处境，有其进步意义，但是，其重“技”轻“德”、重“利”轻“义”、重“器”轻“道”之弊端，终将日益显现，随着时间推移，势必走向其反科举、反八股初衷的反面，殊途同归，沦陷于旧教育利禄主义泥沼。今天应试教育的嚣张跋扈，比起科举时代有过之而无不及。“高考改变命运”的口号、“考公务员热”等包含的逐利动机，便是实利主义教育哲学结出的苦果。始于反科举、为人生，终于为应试、为功利，是价值理性批判缺失的必然。

“应付生活论”“工具论”讲求“当前受用”，视语文为实用、应用技能。叶圣陶、吕叔湘、张志公先生等此类言论甚多。张志公先生谈中学生语文程度的三条要求：一是“能读一般应用的书籍报刊”；二是“能写一般应用的文章”；三是能运用基本的工具书。谈写作目的时说："为什么要培养学生写的能力……为了日常生活要用。"语文教育自然须求应用，但尤须培育言语精神、思想、人格，应以言语价值观培育为首务。实利当头，有"技"无"道"、有"文"无"人"，精神沦落是必然的。

三、"阅读本位"教学范式：目的错置

在"应付生活"本体论下，主流教学范式是"阅读本位"。语文课等于阅读课，停留于"读懂""理解"。其错误是将阅读这一手段当作目的，使真正的目的——写作（言语"表现与存在"）边缘化、空洞化。目的错置，势必导致教学失效。

"阅读本位"范式，以叶圣陶先生"三论"为基础。一是"根"论："单说写作程度如何如何是没有根的，要有根，就得追问那比较难捉摸的阅读程度。"二是"基础"论："实际上写作基于阅读。老师教得好，学生读得好，才写得好。"三是"独立能力、目的"论："语文课程教学生阅读课本，通过阅读课本培养他们的阅读能力……阅读和写作是对等的两回事，各有各的目的，这是很清楚的。""阅读本位"范式最重要的理论支撑是"独立能力、目的"论。叶圣陶、吕叔湘、张志公先生，不但将阅读作为与写作并列的独立的能力、目的，还在一定程度上将前两论推翻了："有人把阅读看作练习作文的手段，这也不很妥当；阅读固然有助于作文，但是练习阅读还有它本身的目的和要求。"以上三论，尤其是阅读独立能力、目的论，是"阅读本位"教学范式的理论基础。

阅读从来不是、也不可能是一种独立的能力、目的。阅读只是手段，其目的是多元的：修身养性、求知求能、休闲娱乐、炫耀学识、精神创造……如果非要说阅读的理解、读懂也是能力、目的不可的话，那只能算是以上能力、目的之下的二级、三级。在语文教育中，

阅读目的只能是指向写作（“表现与存在”）。诚如“课标”所言：“写作能力是语文素养的综合体现”，以上其他与写作相关的阅读目的，均须为写作这一“总目的”服务，才具有语文教育效能。

由于写作素养、难度高于阅读，如阅读是非产出性的，写作是产出性的；阅读是吸收他人情意，写作是表达自己的情意；阅读是二度创造，写作是一度创造；阅读是再造性想象，写作是创造性想象等，阅读与写作的过程、规律、方法等不一样，“阅读本位”教学未能提供培育写作素养之需，对言语创造鞭长莫及。“写作本位”则可以含蕴培育阅读素养之需；会读未必会写，会写一定会读。因此，以写作为语文课程的终极目的与具体目标，核心与龙头，是以处于上位的“写作本位”（完整的表述是“表现—存在本位”）教学范式，取代处于下位的“阅读本位”教学范式，势必可以覆盖、统领读、听、说教学。这是由阅读、写作的内在因果、矛盾关系所决定的。

四、“言语生命动力学”语文学：我写故我在

“应付生活”本体论之所以深入人心、长盛不衰，是因为它迎合了人的生存需求、趋利动机。虽有其正当性，但并非语文学习真正的元动力。存在性动机缺失，是根本的缺失。

应付生活需要言语；不为应付生活也需要言语。因为，言语是人的生命本性、特性，人的生命堪称“言语生命”。“言语生命”动力，是语文学习最重要、强盛、恒久的元动力、内驱力。从言语动力学、发生学意义上说，人是因其言语本性——人是言语、写作的动物——而言说的。因此，语文教育当是唤醒、激发人的言语、精神创造本性的教育。

马克思在《1844年经济学哲学手稿》中阐明动物性与人性的差异时说：“吃、喝、生殖等等，固然也是真正的人的机能。但是，

如果加以抽象，使这些机能脱离人的其他活动领域并成为最后的和唯一的终极目的，那它们就是动物的机能”“动物只是在直接的肉体需要的支配下生产，而人甚至不受肉体需要的影响也进行”“有意识的生命活动把人同动物的生命活动直接区别开来”。应付生活的言语需求，便是基于马克思所说的“动物的机能”，是在“肉体需要的支配下”的生产。“不受肉体需要的影响”进行的生产，才是真正的人的生产。不为应付生活之需的言语、精神活动，才是人的“有意识的生命活动”，真正的人的言语创造活动。

两千多年前我们的老祖宗就明白，言语活动是人之本性的体现。“立言”，可超越现世，使人精神永生。《春秋谷梁传·僖公二十二年》:“人之所以为人者，言也。人而不能言，何以为人?”《左传·襄公二十四年》:“大上有立德，其次有立功，其次有立言。虽久不废，此之谓不朽。”孔颖达《春秋左传正义》:“立言，谓言得其要，理足可传。其身既没，其言尚存。”这体现的就是“存在”的“言语生命”“精神生命”意识。言说，使人之为人;立言，是人生命存在、精神不灭的证明。在语文教育中还有什么言语动机比这更值得关注?

西方哲人对人是符号、言语、文化的动物，同样津津乐道。

古希腊哲人亚里士多德在《政治学》中说:“在各种动物中，独有人类具备言语的机能。”美国人类学家怀特在《文化科学》中说:“全部人类行为起源于符号的使用，正是语言符号才使我们的类人猿祖先转变为人并成为人类。”德国存在主义哲学家海德格尔在《诗·语言·思》中说:“有人说，人是靠本性而拥有语言。这把握了人与动植物的区别，人是能言说的生命存在。”德国文化哲学创始人卡西尔在《人论》中说:“符号化的思维和符号化的行为是人类生活中最富有代表性的特征，并且人类文化的全部发展都依赖于这些条件，这一点是无可争辩的。”法国语言学家海然热在《语言人：论语言学对人文科学的贡献》中说：“语言能力决定性地完成了一个新物种的区分。”他们共同表明，言语是人的物种特性，人因为有了语言、言语、写作，而有了理性、思想、文化，而远离动物，成其为人。

因此，人的生命可称为“言语生命”；“言语生命”支撑起了“精神生命”，超越现世，使人不朽。言语、写作，使人成为唯一拥有第二生命——“精神生命”的动物（人类的精英则以“精神生命”为第一生命）。从终极意义上说，人是为言语本性、精神不朽，“为天地立心，为生民立命，为往圣继绝学，为万世开太平”而言说、写作的。这就是超越应付生活，指向存在的“言语生命动力学”语文学认知。

言说，是人的精神生命“原欲”；言语表现，是人的自我确证。人类言语、精神活动，文明、文化创造的本原动力，便基于此。卡西尔在《人论》中说：“人不可能逃避他自己的成就，而只能接受他自己的生活状况……人是在不断地与自身打交道而不是在应付事物本身。”与其说语文是“应付生活”，不如说是“应付人之言语、精神本性”，我写故我在。

基于“我写故我在”的本体论、动力学认知，生存性动机、阅读本位范式，将逊位于存在性动机、“写作本位”范式；阅读不应成为目的，言语表现、写作、精神创造才是阅读、语文学习的目的。人是通过言语表现、写作，以彰显言语、精神生命存在的意义与价值。语文课程不只是学习语言文字运用，不只是掌握一种应付生活的实用工具，应是培育立言者（言语人、精神人、创造人）——言语上的自我实现者。在这一本体论基础上建构的才是有人类情怀、终极关怀，有信念、信仰的语文教育。

五、继往开来：引领诗意的言语人生

我国20世纪初开创的现代语文教育，为满足平民大众生存性言语应用之需，实现基本的文化救济，功不可没。然而，以实利主义为哲学背景，以“应付生活”本体论、“工具性”功能论、“阅读本位”教学范式为学科进行低标准、偏颇的定位，忽视传统母语教育的人文传承、精神熏陶，忽视言语信仰、精神创造力培育，重“生存”轻“存在”，重“阅读”（为读而读）轻“写作”，致使语文教育实践一蹶不振、江河日下。

在21世纪物质、精神文明与科技、文化高度发展的今天，以人的存在需求涵盖、超越生存需求，以“立言”之精神高标，涵盖日常生活之言语应用，乃大势所趋。今天以至未来的语文教育，当以“表现—存在”为宗旨，以言语表现服务人生，建构精神家园，彰显人的生命意义、存在价值。课程性质是为培养立言者奠基，其低标为培养写作一言说者。课程目的是以成全、成就立言者为教育信念、信仰；以引领言语人生、诗意人生为终极关怀。课程任务是以培育言语、精神生命意识为主线，贯穿言语素养（动机素养、知情意素养、体式素养、行为素养、创制力素养等）的涵养过程。教学原则是以写（表现与存在）为本，为写择读（听、说），以写促读，由读悟写，读以致写。学生将从言语表现中获得人之为人的尊严感、存在感，体验言语、精神生命的魅力、美妙与幸福。

如此，匍匐一个多世纪的语文学科必将巍然屹立，光耀百代。

表现本位语文观

表现本位是相对于吸收本位的。我将我国现代语文教育的范式称为“以应付生活为目的、以阅读为本位的‘吸收实用’型范式”。叶圣陶先生认为“阅读是吸收”，将阅读的目的与功能定位为“吸收”，因而，阅读本位即吸收本位。他认为“吸收”是根本，阅读的“吸收”决定了写作的“倾吐”。

其实不然，写作并不是单纯依赖于阅读的吸收的，更不是直接将“吸收”的“倾吐”出去。为了写作的阅读，首先要将阅读的内容加以甄别，有的“吸收”，有的“不吸收”；如果主体认为有用、可以“吸收”的话，也必须将其组织到自己原有的认知背景中去；待到合适的时机——写作冲动产生时，再将经过整合的写作素材提取出来，进行一番构思，重新加工组织，使之成为文章的一部分，而这一部分有的保留着原有素材的痕迹，有的已经面目全非了。这个过程可以描述为：“阅读资料—认知背景—写作素材—文章题材”。可见，“阅读是吸收，写作是倾吐”的认知失之于简陋粗糙，且容易产生误解。

在“阅读是写作的基础”认知下，在教学实践中，表现为“读、写结合，以读带写”，这多少还注意到阅读对写作的作用，尽管实际上顾及写作的不多——客观上也有一定的难度。因为阅读学习的序和写作学习的序是不一致的，这就产生了矛盾。在教学中只能迁就一方，不是迁就阅读，就是迁就写作。在“阅读本位”范式下，自然迁就的是阅读的序，这就势必造成写作教学的无序，损害到写作学习的效率。或者造成这样的情况：阅读教学的序和写作教学的序并行不悖、各行其是。这样就导致了“读、写结合，以读带写”规范的名存实亡。

在教学实践中基本上奉行的是“阅读独立目的”论，即“为读而读”，阅读止于“吸收”。因为这既符合一些老师对写作教学的排斥心态，又符合应试教育读写分离、各自为政的需要。据说根据高考的需要“抓”阅读是比较容易得分的，而以同样的时间投入到写作教学中则不容易得分。从利益最大化原则考虑，自然选择的是阅读，所以就造成了“为读而读”这一现象能够长时间地畅行无阻。如此，语文教学的耗时、低效（这里指的是真正的成效）就在所难免。这种状况也是不符合叶圣陶先生的初衷的，叶老师是最反对应试教育的。从应试的目的出发抓阅读是最糟糕的，因为它基本上对写作教学置之不顾，造成了读、写教学的两败俱伤。

从语文教育的根本目的出发，在语文智能层面，自然应当选择的是“表现本位”。语文智能包括听、说、读、写四项，其中听、读是一类，说、写是一类。听、读是说、写的准备，说、写是听、读的完成。听、读是隐性的、过程性的能力，说、写是显性的、终结性的能力。听、读之后都需要反馈，听的反馈是说，读的反馈是写。如果没有说、写的反馈，就无从知道听、读的效果。当我们考查一个人的语文能力时，势必只能考查说、写能力，求职时的口试、笔试考查的就是说、写能力，因为，听、读能力必须通过说、写能力才能得以体现，考查说、写能力也就间接地了解了听、读能力。离开了说、写能力的检测，也就无法得知听、读能力的水平如何。听、读能力，必须在培养说、写能力中培养。说、写能力涵盖了听、读能力。因此，语文智能教育必定要指向说、写，即言语“表现”。“表现本位”的“表现”，就包括说、写两种能力。语文智能教育必定要以追求言语表现能力的提高为终极目的。

“表现本位”并不意味着对听、读能力培养的忽视。相反，而是将其置于一个科学、合理的认知系统中加以充分地重视。听、读能力，也只有在说、写能力培养的系统结构中才能得到最有效的培养。听、说、读、写构成的是一个言语“表现”的系统，不是一个言语“吸收”的系统，言语“吸收”包含在言语“表现”之中，言语“表现”是矛盾的主要方面。抓住了矛盾的主要方面，一切就迎刃而解了。

我们可以把整个的语文智能视为一个言语“表现”系统。听、说、读、写（看）都置于其中。听、读是预备、手段，说、写是实施、目的。这个言语“表现”系统是开放的，预备与手段不限于听、读，还包括其他的一切动力因素和信息来源，如主体的人格、价值观、潜能、禀赋、兴趣、爱好、信念、理想、信仰，学校、家庭、社会，认知图式、文章图式等动力因素，主体的观察、调查、采访、感受、思考等信息来源。实施与目的也不限于说、写，还包括其他一切言语表现的行为因素和后续活动，如构思力、想象力、创造力、表达力、修改力等行为因素，和对该说、写行为的反思、总结、交流、讨论、提高等后续活动。

总之，语文智能教育是指向言语“表现”的教育。一切的语文智能教育活动都要纳入到学习言语“表现”的总目的之中，在这个总目的之下，设置各项目标。所有的目标都要围绕着这个总目的，将脱离言语“表现”的教学视为无效教学。

写作本位语文观

“表现本位”也可以进一步简化为“写作本位”。

因为，写作比口语交际更具有终极性。虽然同为言语表现，但是比较而言，写作是口语交际的精华版，它比口语交际要求更高，它在一定程度上涵盖了口语交际。

写作与说话在社会性的交往中都很重要，甚至可以说口语的使用频率比书面语还要高，在日常生活中说话的机会要比写作多得多，因此，语文教育不能缺失口语交际的教学。否则，学生就没法很好地应付生活中基本的语文需要。可以这样认为，重读写、缺听说，是20世纪的语文教育的最大失误之一。这种状况再也不能继续下去。

但使用的机会多，并不等于说口语交际比写作更重要，也不等于口语交际在语文教育中要占据更重要的地位。相反，写作的重要性要超过口语交际。这可以从以下几个方面看。

一、写作更具传播性

一般来说，口语是即时性的，说过之后便销声匿迹，不再让他人、后人知道，传播的范围相对较小。而书面文字是语言的延伸，就是为了弥补语言在传播上的不足而创造的。写作有着广泛深邃的传播功能，既是共时性的，又是历时性的，具有历久传远的效用。几千年前的文字今天还能被读到，每一代人都能从中获益。只要人类不灭绝，经典作品便将与世长存。

二、写作更具文化性

口语是日常性、社交性的，所说的大多是应普通的人际交往的需要，没有什么文化价值。而写作则包含着较高的文化性。一切社会科学和自然科学研究都是以文章为载体。国家机器的运转，人类文明的承传，主要靠的就是写作活动。所以有“盖文章，经国之大业，不朽之盛事”之说。人类的文化史、文明史，几乎就是一部写作史。

三、写作更具精致性

口语大多较为随意、粗糙，为了即时的应对脱口而出之后便不再修改打磨，也没法修改打磨。而写作大多是经过深思熟虑、再三斟酌后的表达。写作比口语交际要求更高。“言之无文，行而不远”，“文章不厌百回改”，一篇文章修改几遍、十几遍是常有的事，有的甚至修改几十遍、上百遍。精益求精，是写作的普遍追求。写作是一种精致性的表达。这就是历代流传下来的经典之作脍炙人口、百读不厌的原因。

四、写作更具涵养性

口语的交流往往是一次性的，再有艺术价值的口语表现，难以反复呈现，也就难以鉴赏、学习。它的效用是短时的。而写作的成品——文本是恒定的，可以反复揣摩、分析、探究，便于读者细致体验与感悟，常读常新，不断获益。写作的效应是会持续地增值的。对提升人的认知与表现水平有莫大的好处，尤其是对人的精神养育、性情熏陶、知识浸润等，都将产生不可替代的作用。阅读对人的涵养是全方位的、终生性的。

自然我们也应该看到口语与书面语表达的某些差异性有逐渐缩小的趋势。随着现代信息技术进步和大众传媒的普及，口语借助电子媒介，使其传播性也得以增强，有的甚至在一定程度上超过了书面语，如电话、广播、电视等，其传播功能都不亚于平面媒体。在今天，电子媒介语言已经成为与口语、书面语并列的第三种语言。但是，在文化性、精致性和涵养性上，书面语依然具有无可比拟的优势。

值得注意的是，有些说、写两栖体式，在今天也可以认为是说、写、看（视听，电子大众传媒）三栖体式，如演讲词、辩论稿、导游词、解说词、新闻稿（可用于广播、电视）等，它们在说、写、看（视听）之间的界限不是十分清楚，一般是先写后说、看，因此，这些体式本质上属于写作。由于这些体式的文章写出来是用来说或看的，所以也要兼顾到说与看的特点。比如尽量不用不顺口、不顺耳的生僻文字，不用较长的复杂句式，文字要简洁、醒目等。这些“兼类”体式是较为适合作为教学中的练习体式的，既能照顾到写，也能很自然地联系到写作之外的听、读、说、看，较好地体现了写作本位的指导思想。

表现存在论阅读观

表现存在论阅读观认为，阅读不是一种自给自足的行为，阅读是和言语表现——说、写联系在一起的，写作是阅读的目的。人的日常阅读可以无涉写作，阅读行为结束了，认知行为也便随之终止了。二者几乎是同步完成的。但这只能说是一种随意、低效的阅读。我以为学校语文教学中的阅读则不同，为了追求阅读的高效能，必须指向言语表现，指向写作，指向读写互动，以写作为依归。阅读行为必须延伸、落实到写作上，以写作来引领、涵盖阅读。

一、有助于深化、明晰阅读思维

阅读必须和思考对接。“学而不思则罔，思而不学则殆”，真正的深度阅读必须伴随着深思熟虑。学校语文教育中的阅读是追求高效的阅读，它的要求自然与随意的读书不同，不是心不在焉地泛泛读去，而是殚精竭虑、苦思冥想，以求去蔽益智。思维是依附于概念、言语活动的，在随意阅读时，思维往往浅尝辄止，概念、言语活动大多处于混沌蒙昧状态，即便有所感悟，也转瞬即逝，少有明晰精密的时候。如果读之前以写作为目的就不一样了，刻意要写一篇读后感、评论或序言，思维便沉潜而活跃，心情便宁静而兴奋，概念、言语、情思纷至沓来，汹涌的思维活动便纳入了稳健、恰当的写作运思与表达之中，阅读记忆就不再是过眼云烟，而是建构性、条理性、明晰性的。在思维、思想的语词化、精密化的过程中，对作品的理解势必也得到了深入。

二、有助于读、写智能相互转化

阅读和写作是“异质同构”的。阅读与写作的结合，是互惠双赢的。阅读的程序大致上体现为“言、物、意”，写作的程序则是“物、意、言”。它们的基本元素是相似的。尽管这种描述失之于简单化，也不够精确，阅读所了解的“言、物、意”与写作所需要的“物、意、言”等基本元素在内涵上差别很大：阅读的“言、物、意”是定型化、终结性的，而写作的“物、意、言”则是进行性、蜕变性的。阅读的文本是写作的成品，从阅读中没法得知写作的过程，这就使阅读难以洞彻写作的奥秘。而且，阅读和写作的程序一般都不是线性推进的，而是一个复杂纠结、反复演变的过程，存在着极大的个人差异，但无论怎样复杂纠结、反复演变，还是可以看出二者的相关性是很大的。以至有的学者误以为阅读的智能与写作的智能是完全一致的，只要会读就会写，读得好便写得好——其实不然，许多会读的人不会写，即所谓“眼高手低”，这就表明了阅读与写作所需的智能是不完全相同的。表面上看，阅读和写作所需要的能力是相似的，二者都需要文体感、语境感、语感，这“三感”的状况确实是会互相影响的，但是，写作对“三感”的要求比阅读的要求更高，所以，写作智能向阅读智能的转化率要高于阅读智能向写作智能的转化率。这就造成了如此情况：阅读可以促进写作，写作也可以促进阅读。然而，以写作来促进阅读，比以阅读来促进写作效果更佳。会阅读未必会写作，会写作则一定会阅读。因为，写作智能在相当程度上包容了阅读智能。

总之，阅读与写作的智能是会相互转化的，阅读没法完全解决写作中的问题，以写作带动阅读其效果绝不亚于以阅读带动写作。写作本位的阅读是值得尝试的。

三、有助于提高言语表现智慧

阅读有助于为写作积累学养，阅读指向写作，既能加速学养的积淀，同时也可使学养尽快转化为写作的资源，即学以致用。后者比前者更重要，学养就跟资金一样是用来消费的，或拿出去投资，投资才可能增值。存而不用是浪费。读了很多书而不知道怎样使用，就成了一无所成的“书呆子”。古人说的“学问文章”“道德文章”，其实都是读、思（悟）、写三位一体的文章。“学问”和“道德”都是从“读”中悟出来的，将悟出来的写出来就成了好文章。阅读向写作迁移，是对写作“学问”之文、“道”之文的一种最好的磨砺。读而不写，思而不写，是不会有长进的。许多人停留在“多读”上，就是不明白这个道理。多数人阅读量总是大于写作量，写作没有跟进，这就是造成写作能力滞后于阅读能力的原因。一旦阅读与写作同步推进，“不动笔墨不看书”，这就极大地提高了写作量，写作能力得到了较多的锻炼，“读十篇不如做一篇”，写作水平、言语智慧的提高也就是顺理成章的事了。写作能力是语文能力的标志性能力，只要写作能力提高了，其他相关的言语能力也会被带动起来，言语表现智慧势必水涨船高。

虽然有时阅读不会对写作产生立竿见影的效果，但是多读、多思、多写，学养会自然地沉积下来，写作主体会不知不觉地变得充实、丰富、自由，久而久之，必然会催生“厚积薄发”之文——“学问”之文、“道”之文，也就是“存在”之文。

表现存在论阅读教学观

能认识阅读对写作的功用与局限，尤其是认识写作对阅读的促进作用，才能认识、处理好读与写的关系；必须确立“表现本位”“写作本位”的观念，才能真正有效提升阅读与语文学习的效能。

表现存在论阅读教学首先要建立读、思（悟）、写一体观。

一、阅读教学先要解决“读什么”的问题

其一是读经典。传统的认识便是读经典，朱自清先生说：“在中等以上的教育里，经典训练应该是一个必要的项目。经典训练的价值不在实用，而在文化。……再说做一个有相当教育的国民，至少对于本国的经典，也有接触的义务。”① 这自然说得很对。我以为读经典的作用是培养阅读趣味、品位，熏陶人品、文品，增进修养、学养，学习文章规范、技巧，修炼语感、语境感等。由于经典文本是写作的典范，所以古今中外的经典文本应该成为阅读的主要内容。

夏丏尊先生的阅读观是注重文章形式的学习，这虽有一定的道理，注意到语文学习的特殊性，但仅此也有失偏颇，忽略了形式的表意功能和阅读的审美教育、人文教育功能，忽略了形式与内容的不可分离。因此，对经典的阅读，应透过文章形式把握内容，关注

① 朱自清著：《经典常谈》，北京：生活·读书·新知三联书店2008年版，第4页。

文章的写作意图、情意特征、文化语境、时代语境等。

其二是读时文。在这一点上体现为两个极端——不是过分强调读时文，就是过分排斥读时文。新中国成立后一直到“文化大革命”，时文过多；而现在主流观点是排斥时文。我以为，少量的时文是必要的。读者——学生，是社会人、时代人，同时，他们写作用的是当代的言语表现方式，所以，他们除了了解经典外，也需要了解当下的社会文化和言语表现方式。对时文的阅读有利于他们对现代人的思想、情感做出自己的反应。

其三是读习作。这指的是读学生自己的作品，包括优秀的和有缺陷的习作。学生学习经典和优秀的时文，无论选文多好，或多或少都会有一定的距离感。对于写作上的取法来说，往往是可望而不可即。而读学生自己的习作则较为贴近他们的思想与言语实际，有着更为直接的启示与借鉴作用。学生的作品可以将初稿与改稿、优文与劣文参照着读，这就如鲁迅说的，将“应该这么写”与“不应该那么写”比较着读，容易明白应该要怎么写。当然，读学生的习作只能作为辅助性的内容，作为教学案例，让学生评读。

其四是读传媒。传媒，包括传统的报纸、杂志、广播，与现在的电视、网络。尤其是电视和网络，已成为现代人须臾不可或缺的生活的组成部分，网络阅读正在逐渐挤占纸质媒介阅读的地位，大有取而代之的趋势，因此，电视和网络的视像语言，也应该纳入到我们今天语文教学中的阅读视野之内。网络阅读和上述几种阅读形式是交叉的，比如经典阅读，今天也可能成为网络阅读。无论什么时代，经典阅读都是必需的，在网络时代，只不过它使经典用视像的形式呈现罢了。

可以编一套阅读教材，以表现为本位，按照培养写作能力的要求，以“写作知识”为前导，以单元的形式，将这几方面的内容有机地组合在一起，将纸质媒介与视像媒介组合在一起。以经典文本为主，辅之以少量的时文、网络图文和学生习作。这对学生语文智能的提高将产生较佳的合力。

二、“思”，一般可以从以下几个方面考虑

阅读“写作知识”，思考所要求的写作能力点，以此观照各类阅读文本。从经典文本中领悟、取法，对时文、图文、习作案例进行分析与评判，研究、揣摩其特点和优缺点。特别注意从写作的角度对作品的运思过程进行还原，寻找属于自己的感受与体验。

对研究所得，在小组中进行讨论、论争。这一相互倾听、交流、对话对于加深领悟很重要。提倡学生全员参与，轮流主持讨论（轮到的主持者参加大组汇报）。教师不要以权威自居，不忙着下结论，可作为平等的一员，参与小组讨论。主要是激发学生的言说欲、表现欲，适时给予点拨。

由轮值学生进行大组交流，也可以由各组选出最有代表性的同学参加大组汇报。教师对其中的某些感兴趣的问题随机组织大组讨论。教师可以对讨论情况加以归纳，可以从中发现并进一步提出问题让学生继续讨论，也可以谈谈自己的理解（不是定论），重要的不是谈结论，而是谈自己的思考过程与方法。对学生较有个人特点的观点，要给予鼓励。

三、“写”，主要可以用写读书笔记的方法

“写”的活动应始终伴随着“读”与“思”的过程。随时记下阅读时的初感——可在作品上批注，记下讨论中他人的观点、自己的感触，课后根据老师的要求或个人的喜好，将自己所思考过的内容，筛选、整理加工成一篇读书心得或评论（如果读的是叙事性作

品，也可以加以改写、续写、扩写等），就是做读书笔记。

说起笔记，现在一般学生似乎还不很明白它的作用，只因教师吩咐要做笔记，他们就在空白本子上胡乱写上一些文字交卷。这种观念必须纠正。要让他们认清，笔记不是教师向他们要的赋税，而是他们读书学习不能不写的一种记录。参考得来的零星材料，临时触发的片段意思，都足以供排比贯穿之用，怎能不记录？至关重要的解释与批评，特别欣赏的几句或一节，就在他日还值得一再检览，怎能不记录？研究有得，成了完整的理解与认识，若不写下来，也许不久又忘了，怎能不记录？这种记录都不为应门面，求分数，讨教师的好；而只为于他们自己有益——必须这么做，他们的读书学习才见得切实。从上面的话看，笔记大概该有两个部分：一部分是碎屑的摘录；一部分是完整的心得——说得堂皇一点，就是'读书报告'或'研究报告'。对于初学，当然不能求其周密深至；但是敷衍塞责的弊病必须从开头就戒除，每抄一条，每写一段，总得让他们说得出个所以然，这样成了习惯，终身写作读书笔记，便将受用无穷，无论应付实务或研究学问，都可以从笔记方面得到许多助益。[①]

笔记有敷衍了事的，有精心撰写的。随便从本文里摘出一句或几句话来，就算是'全文大意'与'段落大意'；不赅不备地列几个项目，挂几条线，就算是'表解'；没有说明，仅仅抄录几行文字，就算是'摘录佳句'；这就是敷衍了事的笔记。这种笔记，即使每读一篇文字都做，做上三年六年，实际上还是没有什么好处。所以说，要学生做笔记自然是好的，但是仅仅交得出一本笔记，这只是

① 叶圣陶：《略读的指导——〈略读指导举隅〉前言》，刘国正主编：《叶圣陶教育文集》第 3 卷，北京：人民教育出版社 1994 年版，第 268 页。

形式上的事情，要希望收到实效，还不得不督促学生凡做笔记务须精心撰写。所谓精心撰写也不须求其过高过深，只要写下来的东西真是他们自己参考与思索得来的结果，就好了。[①]

这些都是极中肯的意见。读书笔记绝不能沦为形式，务必要有自己的思考的成果。教师要善于作方法上的指导。

写好读书笔记后最好还要进行一轮课堂讨论。限于时间，每次可选取若干名学生汇报，广泛听取同学和老师的反馈意见后，修改自己的读书笔记，这可以看作是“发表”。当然，如果在网络上或报纸杂志、墙报上发表就更好。建议各班级建立一个博客群组，或编一份“班刊”，这样交流起来就更方便，也能对学生产生激励作用，激发他们的写作兴趣和言说热情。

在整个读、思、写的过程中，都要贯穿着写作这个目的意识，在目的意识的不断强化中使学生养成“写”的习惯，使阅读思维与写作思维交织在一起，落实在“写”（也包含“说”）上。同时，注意对学生言语表现欲的爱护与激发，使他们通过言语表现感受到自尊与自信，培育他们言语上的自我实现的信念和“我写故我存”的言语价值观。

① 叶圣陶：《精读的指导——〈精读指导举隅〉前言》，刘国正主编：《叶圣陶教育文集》第3卷，北京：人民教育出版社1994年版，第234-235页。

一体两翼：让语文教学飞起来

我的语文学有点玄，又是“言语生命动力学”，又是“表现—存在论”，读者可能云里雾里，找不着北。“玄之又玄，众妙之门”，现将“众妙之门”敞开，把最具实践性的部分展示给大家，请随意观赏；喜欢的，即打包奉送；也可拆零，各取所需。欢迎作为“伴手礼”馈赠亲友。

礼包“logo”：“立言”。来自于一体两翼平台之顶层设计：为培育“立言者”奠基。

“一体”，是语文教学基础平台：海量阅读、记诵经典、写读书笔记。① 海量阅读：广征博采，多多益善，量中求质。② 记诵经典：读必经典（文言文为主），不求甚解，记诵为佳。③ 写读书笔记：摘录、评点、批注，写随笔、读后感、书评、读书报告、评论、论文均可。“体”，表明是根本性的，内含读、思、悟、写（笔记），是语文基本素养的积累、提高，为毕生精神创造打底。小学中年级便可实施此法——养根加膏、提要钩玄，是历代读书、治学的“葵花宝典”、不二法门。

由经典阅读（积累）之母体——基础平台，延展出两翼——发展平台。

其一是写作之“翼”：论文（小论文、研究报告）写作，旁涉随笔、评论、杂文等论辩体式写作。由于“立言”之“言”，主要是论文（论著），因此，中小学写作教学须以学写论文一以贯之。在“一体”基础上，根据学生的兴趣、爱好，作延伸性专书、专题或专人的深度阅读、研究，辅以其他论辩体式写作或个性专擅写作。

其二是口语交际之“翼”：辩论活动，旁涉调查、访谈、报告、演说等口头交流活动。辩论不但是口语交际高级形态，应用性广，且思辨性、批判性强，还可与论文写作遥相呼应、相得益彰。

“两翼”具有极大学习载荷：论文选题、搜集资料须阅读，答辩须听、说；辩论选题、准备、发言，总结、提高，都离不开阅读、写作。论文写作、辩论，实即听、说、读、写综合性实践活动。

一体两翼，息息相通，相生共长，可自由组合，随机运用。得其一者众山小，通其三者得天下。

一体两翼，重构语文家园；三大平台，让语文教学飞起来。

儿童阅读：痛背经典

小学语文教材选文标准主要是符合儿童年龄、心理特点，这有道理，但不全对。

儿童读物可分三类：基本可以读懂，可以读懂一部分，基本读不懂。一般认为：第一类最值得关注，第二类不妨读一些，第三类无须读——窃以为也许正相反：第一类少读，第二类可读，第三类多读。

读得懂的，无须动脑筋，多读何益？可以读懂一部分的，要动脑筋，读了有益，可读一些。基本读不懂的，限于学识与阅历，动脑筋还是读不懂——但现在不懂，不等于将来不懂，不等于永远不懂。恰恰是基本读不懂的，最必须读，因为读不懂的书——历代经典，才最耐读，最有必要读，可以读一辈子，想一辈子，悟一辈子，受用一辈子。

在这一点上，老祖宗比我们聪明。

就拿识字教材说吧，流传最广的“三、百、千”，只要知其然，无须知其所以然。“人之初，性本善。性相近，习相远。苟不教，性乃迁。”（《三字经》）“天地玄黄，宇宙洪荒。日月盈昃，辰宿列张。”（《千字文》）小孩能懂多少？现在读得很热乎的“弟子规，圣人训；首孝弟，次谨信；泛爱众，而亲仁；有余力，则学文”（《弟子规》），小孩又能读懂多少？

1902 年颁布的《钦定蒙学堂章程》（蒙学堂四年，6~10 岁）规定：一年级读《孝经》《论语》，二年级读《论语》《孟子》，三年级读《孟子》，四年级读《大学》《中庸》。

1904 年颁布的《奏定初等小学堂章程》（小学堂五年，7~12 岁）规定：以《孝经》《四书》《礼记》节本为初等小学必读之经，总共五年，每年除假期外，以二百四十日计算。第一年，每日约读四十字，共读九千六百字；第二年，每日约读六十字，共读一万四千四百字；第三、四年，每日约读一百字，共读四万八千字；第五年，每日约读一百二十字，共读二万八千八百字。总共五年，应读十万零一千八百字；除《孝经》（二千零十三字）、《四书》（五万九千六百十七字）全读外（共六万一千六百字），《礼记》最切于伦常日用，亟宜先读……这些严格规定的“读经讲经”内容，孩子能读懂多少？

这两千多年，孩子读的大都是一知半解或基本不理解的内容，不懂又何妨？背下自然慢慢会懂的。儿童期记忆力最好，这一天赋就是用来背经典的。

古人云“半部论语治天下”，诚哉斯言！

要读就要读经典，精神奠基，受用终身。

背一部《老子》，胜读万卷童书。

写作困顿“文体”始

旧时儿童上蒙学馆便知学八股文用来考科举。今天公务员考试文体“申论”，甫一面世尽人皆知。然而，中小学教了、考了几十年的记叙文、说明文、议论文，始终身份不明，就有点匪夷所思了。

这三种“文体”在夏丏尊、刘薰宇的《文章作法》（1919年编，1926年出版）已见端倪：记事文、叙事文、说明文、议论文。

夏先生“序”中写道：“本书内容取材于日本同性质的书籍者殊不少。附录中的《作文的基本态度》一篇，记得是从五十岚力氏《作文三十讲》中某章‘烧直’过来的。”[①]——不知这几种“文体”是否也是从日本某书“烧直”的，只知从此不少著述、教材中便有了类似名称。

叶圣陶《作文论》（1929年），将文体分为“叙述、议论、抒情三类”。《开明国语课本》（1932年）：“我所谓文体，系指记状、叙述、解释、议论等基本体式而言。”

夏丏尊、叶圣陶的《初中国文教本》（1937年）首先讨论的文体：记叙文、叙述文、说明文、议论文。《国文百八课》（1935年到1938年）“文章的分类”也是这四种：

这种分类都不过是大概的说法，指明文章有这几种性质而已。

① 夏丏尊、刘薰宇：《文章作法·序》，杭州：浙江文艺出版社1983年版。

> 实际上一篇普通的文章往往含有两种以上的性质，或者在记述之外兼有叙述、说明的分子，或者在叙述之外兼有记述、议论的分子，全篇纯是一种性质的文章不能说没有，可是很少见。[①]

这表明该分类并非文类或文体，实为表达方式——这只是分类角度与命名的问题，还不算糊涂。

后来就有点糊涂：叶圣陶《国文教学的两个基本观念》（1940年），将“平正地写状一件东西载录一件事情的记叙文，条畅地阐明一个原理发挥一个意见的论说文”，与应用文统称为“普通文”。记叙文、论说文与应用文（文类）并列，显然它们已不是表达方式或文体，成了文类。

再后来彻底糊涂：教材、师生皆当它们是“真文体”。

再再后来，完全崩溃：高考限令只能写“记叙文或议论文”。

记叙文、议论文究竟是表达方式，还是文类、文体，或是专门的教学、考试文体，至今无人负责任地给个说法。

课标中的文体大杂烩，倒是负责任地继续考验着师生的思辨力，不把大伙彻底绕晕誓不罢休。

连记叙文、议论文是什么都不知道，写作教学能好吗？

唯一清醒的是报纸杂志，凡“记叙文或议论文一概不用”——你就可劲儿折腾吧。

① 夏丏尊、叶绍钧编：《国文百八课》，北京：生活·读书·新知三联书店2008年版，第43–44页。

“乱”出了境界

不少人在嘀咕：教了、考了几十年的记叙文、议论文，一觉醒来成了“伪文体”“伪写作”，咱这几辈人不都白忙活了吗？

——确实如此。这事看来还得再清楚地说道说道。

《国文百八课》“文话”第五讲“文章的分类”，先说文章有两种：记叙文、论说文，继而将其分为四种：记述文、叙述文、说明文、议论文。“实际上一篇普通的文章往往含有两种以上的性质”，这四种文不是文章，而是四种性质，类似四种表达方式，这还算靠谱。

往下就离谱了：“哪一种成分较多，就属于哪一种。我们平常所谓记叙文或叙述文，就是记叙成分较多的文章，所谓说明文或议论文，就是论说成分较多的文章。”——四种性质随即被偷换成了四种文章。

紧随其后第六讲“应用文”，溢出了上述“文章的分类”范围：

“文章的种类，除了上面所讲过的分为四种（或两种）以外，如果用另外的标准，又可以分为普通文和应用文两种。”——文章缩水为“普通文”，“普通文”与“专门应付生活上当前的事务的应用文”并列；前述“文章的分类”原来竟未包举应用文，也未涵盖文学文。

叶圣陶《国文教学的两个基本观念》（1940 年）中写道：“文学之外，同样包在国文的大范围里头的还有非文学的文章，就是普通文。这包括书信、宣言、报告书、说明书等应用文，以及平正地状写一件东西、载录一件事情的记叙文，条畅地阐明一个原理、发挥一个意见的论说文。”这里，普通文成了“非文学的文章”，原来与普通文并列的应用文，又成了普通文的一部分。

这里“文学”与“非文学的文章”——普通文并列，而在《国文百八课》“文话”第三十七讲“记叙文与小说”里，“文学”又被普通文收编了：“一篇小说里至少叙述一件事情……这样说起来，小说（文学）不就是记叙文（普通文）吗？”

该“文话”下文：“据实记录的记叙文以记叙为目的……出于创造的小说却以表出作者所看出来的一点意义为目的，而记叙只是他的手段。这是记叙文和小说的分别。”——记叙文难道不以“表出……意义为目的”，只管“据实记录”？有无意义、目的的文章写作吗？

突然发现愈想说清楚愈让人一头雾水：从分类、概念到逻辑，简直一团乱麻。

不是一般的“乱”，而是“乱”出了境界。

恐怕谁跨进“语文”门槛，都难免思维打结、大脑瘫痪。

论文写作：从娃娃抓起

尽管国人对“从娃娃抓起”这句话并不陌生，但看到这个标题，相信不少人仍会感到诧异，并群起反对。因为这不符合以往认知习惯——小孩以形象思维、感性表达为先。

我国中小学写作主线是写“记叙文”。

除了第一学段“写话”没有文体要求外，第二、三、四学段，强调“观察周围世界”“观察周围事物”“观察生活”等，“生活写作”一以贯之。教材与之相匹配的是大量叙事性写作，及至高考作文还在写记叙文（或议论文）。

在语文教师观念中，小学生写记叙文，“写故事”，似乎约定俗成、天经地义。

到了小学五、六年级，写作“目标与内容”是：“能写简单的纪实作文和想象作文，内容具体，感情真实。能根据内容表达的需要，分段表述。学写读书笔记，学写常见应用文。”主要写的还是叙事性文章。最早论述类写作要求是体现在该学段“综合性学习”“目标与内容”中：“……尝试写简单的研究报告。”

到了初中，写作的“目标与内容”才首次出现“写简单的议论性文章”的要求——这似乎比第三学段“写简单的研究报告”的要求反而降低了。研究报告就是论文，是议论性文章中要求较高的。

在美国写“研究报告”“论文”是主线。

他们对幼儿园孩子就有“提出开放式研究问题，探讨自己感兴趣的话题”的要求，一年级就开始写研究报告。中小学阶段“所有学科的教师都有责任培养学生学习撰写研究论文的常用原则，系统教授调查研究的过程，并在学生写研究论文时给予适当帮助”[①]。

与此相辅相成的是反思写作：学生可将非正式反思写作作用于任何学科的学习，如评论观察内容、经历、课堂讨论或阅读内容。教师可以给出反思写作的范例，并给予指导，如“总结今天课上所学内容”；或“对你昨晚所读的内容进行提问”；或“写出你对我刚才所读诗歌的感想”。这种极好的日常性逻辑思维训练，我们几乎没有。

同样是对儿童写作的要求，差距怎么就这么大呢?

有人认为美国中小学教育比较“水”，可抓论文写作毫不手软。这才叫有所为有所不为。

我不反对低年级儿童“写故事”，但如果直到高中还在“写故事”，那就近乎悲哀了。

在我们为高考作文题单一化，为高中生思维幼稚感到忧心之余，还是化忧心为行动，实实在在地将论文写作“从娃娃抓起”吧。

① 洪宗礼、柳士镇、倪文锦主编：《母语教材研究》第6卷，南京：江苏教育出版社2007年版，第122页。

让学生“辩”起来

我不太重视教法，是对“四步法”“六步法”之类的教法模式深恶痛绝所致。

教法不是本，而是末，然而，在今天教师学识素养普遍欠缺的情况下，也并非可以完全忽略教法的作用。

若论与我的“表现—存在论”语文学相匹配的，具有较大普遍性、兼容性的教法，我以为，“辩论”也许是一个可资借重的教学平台。

辩论，一般认为是一种口语交际体式，其实不然，这是一种综合的言语实践活动。它表面上主要呈现方式是说，实际上兼容了听、说、读、写，甚至涉及言语动力、言语人格、言语精神的培育。

辩论的教育学、教学法价值，远胜过培育口语交际能力价值。

这个符合“表现—存在本位”语文教学方法的发现，使我感到振奋。毕竟教师学养的提高并非易事，而教法的改革是比较容易见出成效的。

从言语动力层面看，在各种言语体式中，辩论最能直接展现人的思想、言语风采。处于青春期的学生，朝气蓬勃，勇于挑战，求知欲、表现欲、好胜心强，这些心理品质，都将在辩论中，得以充分激发、发挥、展示、提升。

言语人格上，辩论以求真——以理服人为目的，以言说权平等、诚以待人、相互尊重、言之有据、善于倾听为前提条件，有助于陶铸良好的言语品格，培养民主意识、对话意识等。

言语精神上，辩论是思想的表达与交锋，集中体现了驳论、证伪意识，思想自由，批判、反思精神等，对批判性思维、思想创造力、精神生命力的成长，至关重要。

辩论，凭借的不仅仅是口舌之灵巧、思维之机变，更是听、说、读、写水乳交融，是阅历、学识、思考、表达的四位一体。只要进入辩论情境，注重其中各个环节的要求，就自然进入到“表现—存在本位”教学语境中；谁也不想成为一个辩论中的失败者，为了取胜，辩手定会自觉、全方位地提升、完善自我基本素养、言语素养。言语学习的内驱力、外驱力由兹产生。

辩论，可视为教法，又具有课程目标、教学内容的属性。因而，其效能便超越了纯粹的教法。

这些辩论效能，与“表现—存在论”语文学目标、需求高度吻合，是指向培养“立言者”的，何乐不为呢？辩论水平的提高，将意味着全面语文素养的提高。是否可以从现在开始，就将辩论作为语文教学基本教学内容、活动形态、教法常规？

让学生“辩”起来，乐此不疲，语文素养定有较大改观。

假语文：根在缺乏真研究

这些年，语文刊物也一直忙于打假，单是《语文建设》就已经发表了 100 多篇“真语文”大讨论文章，但也没有触及病根。

语文刊物病根主要是缺乏“真研究”,以至标榜为“真语文”的，掰开一看，往往也是假货、陈货。迄今为止，还没有看到在研究方法上打假的文章，这是一个致命缺陷。

当今名师不重研究重包装，已成惯例。

于是语文刊物中满眼净是“万金油”概念。如“生命语文”“生活语文”“本色语文”“快乐语文”“生态语文”“语文味”……一拎一大串。每个旗号下都麇集着一批人，像繁殖力超强的计算机病毒，瞬间便繁衍了好几十代。

我不否认这些包装含有一定的理论追求，他们渴望标新立异、独树一帜，想借助一些现成的抓手，作为教学的突破口，让学生学好语文，其出发点是好的。我也不否认其中某些概念的合理性，如果不深究的话，其本身似乎无比正确、无可置疑。但千万别以为只要祭出这些高大上的字眼，就会所向披靡，令人肃然起敬。

每当我在各类书刊上看到打着各色旗号，却没有实质性理论内涵与价值的概念，就忍不住发笑。不是缺乏敬畏之心、体恤之念，而是不由自主地联想到鲁迅先生说的:“但我以为当先求内容的充实和技巧的上达，不必忙于挂招牌。‘稻香村’‘陆稿荐’，已经不能打动人心了，‘皇太后鞋店’的顾客，我看见也并不比‘皇后鞋店’里的多。”[①]——先生的话果然灵验。挂什么招牌、贴什么标签确实不重要，如果没有“内容的充实和技巧的上达”，缺乏真研究，一切都是徒劳。名师的旗号自然不可一概而论，不排除有些确是“真语文”，但可以断言，其含量相当稀薄。否则，语文学科也不至于招牌、标签林立，彩旗飘飘，却照样门庭冷落车马稀，成为学生最不待见的学科。

可以预言，不论再竖起多少面旗帜，语文高考再增加多少分，这“皇太后鞋店”的顾客也多不起来。拉大旗作虎皮，胡乱套用现成的理论、概念是难以奏效的。关键要讲究研究方法，做扎实的基础性研究工作，要找到语文学科的特性、症结。

语文界是到了要注重“真研究”的时候了。否则，不论如何标榜自己是“真语文”也无济于事，只能是以假打假、以假打真——打假假打、愈打愈假。

① 鲁迅：《三闲集·文艺与革命》，《鲁迅全集》第4卷，北京：人民文学出版社1981年版，第84页。

教育成败，首在宗旨

——做有独立精神、思想的校长

2015 年 10 月 22 日，在中国教育报刊社“第七届名家人文教育高端论坛暨名师课堂研讨会”上，我与黄玉峰兄相聚济南。当他微笑着告诉我当了校长时，让我着实狠吃了一惊。这位昔日的“语文教学的叛徒”，从没当过大于教研组长的“官”，年届古稀，竟成了复旦五浦汇实验学校校长。转念心想，像他这样有德性、有担当的人不当，谁当？

22 日上午，玉峰兄展示了一堂公开课，教的是王羲之《兰亭集序》。近千名教师仰望着、聆听着，屏息凝思，心往神驰，陶醉于精彩纷呈中，不知时间之流逝。

下课时已 12 点多，他没吃几口饭，便匆匆赶车返回。临行，送我一份校报《五浦文汇》。记得前一天晚上，他告诉我他的办学理念是“人生教育”，还谦虚地说写了个“校礼三字经”请我提意见——想必这些都登载在校报上。

从济南回来，甫一得空便打开《五浦文汇》，想一睹玉峰兄新官上任之丰采。跃入眼帘令我耳目一新的是《将“人生教育”写在五浦汇旗帜上——致五浦汇全体教师、学生家长暨青浦父老的一封信》，文言写就，神采斐然，掷地有声。

“诸君惠鉴：玉峰从教凡四十八载，深知当今教育之弊端，诚欲有所作为。昔曾以一介书生，呼号实践，乃稍有因果。唯恨孽海深广，而精卫衔石，力薄势单也。……玉峰以为教育成败，首在宗旨，宗旨明则思辨有则，言行有度；宗旨不明，则正邪不分，矛盾百出。今述其宗旨，为‘人生教育’四字。请试为诸君诠释之。”其“人生教育”：一曰终生幸福；二曰彰显个性；三曰守礼修身；四曰作育公民；五曰博雅励志；六曰智慧应试。皆由对教育弊端之反思而成。今天有几位语文教师能作此道德、学问、辞章俱佳之文？有几位校长能“切问而近思”，旗帜鲜明地表达自己的教育宗旨？

让我赞佩的还有玉峰兄大作《复旦五浦汇校礼三字经》。“旦复旦，光华被。五浦汇，灵秀集。古崧泽，文明启。淀湖畔，名校立。玉须琢，方知义。身端正，性大气。乐中学，有活力。思敏捷，人独立。要善良，要智慧，有气象，更美丽。为公民，有丰仪。家之望，国之器……”以中国之大，不知是否还有其他校长为学校、师生亲撰“校礼”；如此雅驯、周至的“校礼三字经”，恐怕绝无仅有。我多么希望全中国的师生都能读一读。

玉峰兄曾自叹“精卫衔石，力薄势单也”，而今执掌一校，惨淡经营；精诚所至，金石为开。愿其“人生教育”之宗旨，终成我国基础教育之标杆。

教育：呼唤“修身”

2015 年 12 月 11 日，复旦大学投毒案罪犯林森浩被执行死刑。一个研究生、高才生沦为杀人犯，这是复旦之痛，也是教育之痛，不能不使我们重新拷问教育的首要目的是什么?

这个回答并不困难，是“人”的教育:使人之为人的教育，人格、心灵教育，立身处世教育。但是，我们有教学生“成人”的课程吗?以往类似课程是否合理有效?

两千多年前，孔夫子就在思考这个问题:“兴于《诗》，立于礼，成于乐。”他专门开了“德行”课，作为“四教”(德行、言语、政事、文学)之首，把“修德”视为头等重要之事:“德之不修，学之不讲，闻义不能徙，不善不能改，是吾忧也。”《礼记·大学》称“大学之道在明明德，在亲民，在止于至善”。在这“三纲”之下的“八目”是:格物、致知、诚意、正心、修身、齐家、治国、平天下。“八目”中核心是修身:“修身为本”。后世的儒家教育也无不以修德、修己、修身为先。

这一思想直到清末民国初仍以“修身”课程一以贯之，作为所有课程之首。如 1902 年《钦定蒙学堂章程》的“修身”课:“教以孝悌忠信、礼义廉耻、敬长尊师、忠君爱国，比附古人言行，绘图贴说，以示儿童。”《钦定小学堂章程》“寻常小学堂”“修身”课:“取《曲礼》、朱子《小学》诸书之平近切实者教之。”“高等小学堂”“修身”课：“授以性理通论、伦常大义，宜取先哲前言往行平近切实者教之。”1904年《奏定初等小学堂章程》《奏定高等小学堂章程》也是以“修身”为首课，内容更加具体、翔实。《奏定中学堂章程》“修身”课：“……所讲修身之要义，一在坚其敦尚伦常之心，一在鼓其奋发有为之气。尤当示以一身与家族、朋类、国家、世界之关系，务须勉以实践躬行，不可言行不符。”其内容、要求，剔除封建糟粕，不少仍可资借鉴。

我们现在对学生的思想品德教育不可谓不重视，内容、名称五花八门：小学低年级是《道德与法治》，中高年级是《品德与社会》，初中是《思想品德》[①]，高中是《思想政治》，大学是《马克思主义哲学原理》《中国近现代史纲要》《思想道德与法律基础》《毛泽东思想和中国特色社会主义理论体系概论》，这些课程似乎也是立足于“人”的教育，但与传统的“修身”又很不相同，我们是否更需要一门教学生何以“修身”的课程？

——“身修而后家齐，家齐而后国治，国治而后天下平”，还有什么比“修身”更重要？

① 从2016年起，将义务教育小学和初中起始年级《品德与生活》《思想品德》教材名称统一更改为《道德与法治》。

诗意：为语文教育立心

与王崧舟先生相识已近10年，见面次数屈指可数。疏淡的交往，积攒下的却是深厚的情谊。近日收到《王崧舟与诗意语文》，翻阅大著，看到他细心折好并画了红线的与我有关的两处文字，感动之余，突然萌生了想说点什么的强烈愿望。

王先生的书这样描述我们相识的意义：

> 2004年9月18日，以执教《一夜的工作》为标志，我正式在中国小语界扯起了“诗意语文”这面大旗，2006年我们举办了“全国第一届诗意语文教学观摩研讨会”。仿佛是天意，那一年我遇见了福建师大的潘新和先生，遇见了之后被我誉为诗意语文“圣经”的《语文：表现与存在》（潘新和著）。从此，诗意语文在潘新和先生“言语生命动力学”的指引下，从骆驼态的谦卑越过文化的戈壁，成长为狮子态的唯我独尊；又从狮子态的狂妄复归于全新的婴儿，清远、宁静。

2004年是个值得纪念的年份。仿佛冥冥中有约，王先生的“诗意语文”与我的《语文：表现与存在》同时诞生，理念不谋而合：他以“诗意语文”给自己的教育观命名，我将“诗意人生”视为“语文之化境”。在首届诗意语文教学观摩研讨会上，他开课，我讲座，他的“诗意语文”教学与我引领“诗意的言语人生”理论，同声相应、同气相求，共同为语文教育立心。

我们都认为语文不是学习技能的学科，不是时下以为的“语用”课程，应是有灵魂、信仰的学科。王崧舟先生赋予其以“诗意”，我则赋予其成全“存在”的言语生命——“立言者”之使命。语文教育要是缺了灵魂、信仰，便人如朽木，言如粪土。让学生“诗意”地“存在”，超越应用、实用，超越现实、现世，以言语建构精神家园，获得生命意义与归属，是语文学科终极价值所在。

王先生谦虚地说是我的“言语生命动力学”助成了“诗意语文”蜕变，称《语文：表现与存在》是诗意语文的“圣经”（此言过奖，实不敢当），在语文界不遗余力地为我摇旗呐喊、推波助澜；其实他对于我的意义更胜过我对于他，他坚定了我的理论自信，促进了我的认知深化，我在《语文：表现与存在》修订版中特增加了“第六章　诗意人生：人类精神家园的构筑”，为诗、诗教、诗与哲学、西方诗性智慧、语文之诗、诗意人生等追源溯流、正名界说，便是对他给予我的灵感、创意与鼓励的回馈。

我们在“诗意”上的偶然相遇，也许，将书写中国语文教育史的必然。

教育仪式感，这必须有

传统教育仪式曾遭废弃，丢掉的不是无关紧要的形式，而是宝贵的民族集体精神记忆。

民国之初有人提出学童参拜孔子像仪式要废除，因两派争执不下，教育部作了折中，拜或不拜自行决定。“五四运动”后，尤其是“文化大革命”时，拜孔象征的师道尊严，一再遭到亵渎、践踏，谈何尊师重道?

近年小学生“开笔礼”复又盛行，我为此点赞。传统教育仪式只要仍有精神价值就应继承、弘扬。

古时读书人要行“四礼”：开笔礼、进阶礼、感恩礼、状元礼。开笔礼是首次大礼：开学第一天，学童穿汉服，伴随古乐跟着主礼官端正衣冠，参拜孔子，击鼓明志，朱砂点痣，开笔描红“人”字，诵读《三字经》，茶敬师长，封存心愿……

通过隆重且烦琐的仪式，让学子铭记启蒙开智是庄严而神圣的事。

通过这样的仪式让孩子感到上学、读书，步入求知、创造之殿堂，意味着告别蒙昧，开启德行、智慧，过有意义的人生，精神生命由此发端，是值得纪念的大事。滋养心灵的仪式感，愿所有的孩子都能享有。

教育仪式是价值观教育之一。有像“开笔礼”这样经历一次并永志不忘的仪式，也可以有常规的如开学式、闭学式、升旗仪式、颁奖仪式、毕业典礼……这些将嵌入孩子的记忆，化育为精神人格。

教师的教育行为细节也具有仪式价值，却往往被忽略了。

例如，复旦附中黄玉峰老师到各地上公开课，就有其特有的教学仪式：课前更衣，换上正装，打扮整齐，以一副庄重的仪容仪表出现在学生面前，显示出语文教师特有的儒雅的精神丰采；将自己的著作委托班长赠送给执教班级的原班主任与语文教师；将执教的课文，用毛笔精心抄写、裱褙好，展示给学生欣赏后将其挂在黑板上，课后分别赠送给回答问题最好的与能背下该课文的同学——这成了他上课的固定程式。

上过黄玉峰老师课的学生一辈子不会忘记：一丝不苟的着装、容貌、举止，表明教师职业的崇高、尊严，语文教师的温文尔雅、文质彬彬；请学生转赠著作给两位素不相识的教师，表明其德行、学问，待人接物的涵养、人情味；赠优秀学生精美的书法作品，表明中国书法艺术之魅力，并含对好学者勖勉之意。这些具有仪式感的细节是黄老师公开课的一部分，借此将“师道”——教师的学识素养、人格境界传递给学生。

别将教育仪式当作形式主义，有意义的仪式弥足珍贵，该有的必须有。

“学生本位”也会“反”学生

“学生本位”也会“反”学生，“儿童本位”也会“反”儿童，乍一听，似乎不可思议，其实并非不可能。如果你认为“爱孩子也会害孩子”这话是对的，大约就不会对上述命题有什么异议。凡事都有两面性嘛。

多年来“学生本位”深入人心，其经典表述是“一切为了学生，为了一切学生，为了学生的一切”。作为学生，听到这样暖心的话怎不感激涕零、欢呼雀跃？作为教师也定会反躬自省、跃跃欲试。

于是打着“学生本位”旗号的观念、教法层出不穷，如“以学生为主体”“翻转课堂”“以学定教”“先学后教”“学本课堂”“生本课堂”……目不暇接、眼花缭乱，你方唱罢我登场，各领风骚一两年。

虽然大家对“学生本位”耳熟能详，可至今仍未经严密界定。其内涵、外延是什么，相关教法是否正确、有效，如认真讨究，则问题多多。

就说某名师倡导的、风靡语文界的“以学生为主体”吧，够“学生本位”的！——将自己的“主体”地位拱手相让，够高风亮节了。试问，“以学生为主体”，是对以往“以教师为主体”的颠覆，教师不是“主体”，那么究竟是什么？与“主体”相对的是“客体”，只能当“客体”，别无选择——在“学生本位”下，教师竟成了教学“客体”，不仅被边缘化，而且被教学“主体”扫地出门。

于是乎，“客体”教“主体”的荒诞剧便开锣了：让“学生主体”折腾去吧。

“以学生为主体”的始作俑者大约觉得有点过意不去，为了抚慰教师受伤的心灵，大笔一挥加上两句：“以教师为主导，以训练为主线。”封教师为“主导”，虽让教师压抑的不爽稍稍平复，可问题又来了，“客体”有什么资格“主导”“训练”“主体”，名不正言不顺啊。“主体”也当得憋屈，丫鬟掌钥匙当家不做主——按下这头另一头翘起来，又轮到学生不乐意了，凭什么呀？

其结果是教师、学生都不乐意。鸡飞蛋打，最终受坑害的自然是学生。

以学生为主体，以教师为客体，由客体主导、训练主体，这是多么奇怪的逻辑。这样学生能学好吗？岂不是以“学生本位”的名义“反”学生？

儿童文学化：貌似正确的伪命题

近年在小学语文论坛常遇见儿童文学专家学者，令我喜忧参半。喜的是高校学者走出象牙塔，为教师指引教学方法；忧的是小语教学被儿童文学化，绘本、童书泛滥。

儿童文学学者朱自强先生说："我坚定地认为，目前的小学语文教育面临的最重要的课题，就是从优秀、经典的儿童文学那里开发真正的资源，探讨新的语文教材编写理念和儿童文学的文学教育方法。一句话，中国的小学语文教育只有从儿童文学中汲取资源和方法，充分实现儿童文学化，才能走上一条康庄大道！"[①] 这一观点似是而非。

如果说儿童文学是小语教育的一部分，是可以勉强接受的；说要"充分实现儿童文学化"，就言过了。

儿童文学是文学的一个领域，是文学教育的一部分，而文学只是语文教育中的一部分，固然小学阶段的文学教育，儿童文学可占据一席之地，但不应成为文学教育，甚至语文教育的全部。今天小学教材中古诗词大多就不属于儿童文学，难道不应读？叶圣陶先生说："其实国文所包的范围很宽广，文学只是其中一个较小的范围，文学之外，同样包在国文的大范围里头的还有非文学的文章，就是

① 朱自强：《回到原点：小学语文教育的儿童文学化问题》，《语文教学通讯》（小学刊），2007 年第 5 期。

普通文。”[1] 可见，儿童文学既不等于文学，更不等于语文。

朱先生没阐释什么是“儿童文学化”，是否可理解为：不但教学内容课外读物全部是儿童文学，而且教学方法也应符合儿童心理特点——这颇可商榷。

我更欣赏著名学者王富仁先生的观点：“教育永远是一个完整的过程，而作为一个完整教育过程的学校教育，它永远不是也不可能是以儿童为目的的。它首先考虑的是现实社会的存在和发展，是一代代的儿童成长为什么样的成年人的问题。也就是说，它的标准是成人的标准，而不是也不应该是儿童的标准。当然它应当尽量考虑到不同年龄阶段的受教育者的接受程度和接受趣味，但它又绝对不可能仅仅考虑到受教育者自身的兴趣。”[2]——这也许是对的。

教育不是停留在原点，而是超越原点。

---

① 叶圣陶：《国文教学的两个基本观念》，刘国正主编《叶圣陶教育文集》第三卷，北京：人民教育出版社 1994 年版，第 52 页。

② 王富仁：《呼唤儿童文学》，《语文教学与文学》，广州：广东教育出版社 2006 年版，第 132−133 页。

幼儿园：一生的精神故乡

2015 年 7 月 24 日与 9 月 1 日，我应《中国教育报》与长沙诺贝尔摇篮教育集团董事长谢庆先生之邀，作为其举办的“纪念中国人民抗日战争暨世界反法西斯战争胜利 70 周年”青少年征文活动的终审评委与颁奖嘉宾，两度到长沙。此间，与承办该活动的谢庆先生有较多交谈，留下了深刻印象与诸多思考。

谢先生是民营教育企业家，对他的了解，改变了我以往对企业家的肤浅认知。

他文质彬彬，书卷气十足，学识之渊博令我这个“教授”“博导”汗颜。他炽热的教育情怀与报国之心，对儿童教育的痴迷、真诚，深深感动了我。为了孩子——国家、民族的未来，他在竭尽所能、倾其所有。

诺贝尔摇篮教育集团有一所小学，12 所幼儿园，一所亲子园，拥有 1500 多亩的中国首家大型户外生态亲子活动基地，他在这里谱写、追寻他的教育梦、中国梦。

他特别看重启蒙教育，认为这将决定孩子的一生，因此他办得最多的是幼儿园。他长期对孩子跟踪调查研究，形成原创的教育理论，如“源头说”“染丝说”“不可回炉说”“接力说”“良心说”“行者说”等，他为将幼儿园建成孩子心灵成长的发祥地而殚精竭虑。

他的教育宗旨是“与经典同行，与圣贤为友”。课程丰富多彩：

书法、国画、武术、舞蹈、音乐;美德故事、成语游戏、古典音乐等。他把古代诗歌编成歌曲，经典编成快板，成语编成体操、武术，还有成语接龙、一日生活成语、主题成语、成语故事等，让孩子在玩中学,学中玩。他教孩子诵读《三字经》《笠翁对韵》《老子》《大学》《弟子规》《唐诗三百首》……编写辅助教材，将唐诗、论语等编成歌教孩子唱。他坚称“爱国是最大的德”，亲自创作抗日剧《一所神奇的学校》(延安“抗大”),让孩子演出、观看,受爱国主义熏陶。他带孩子亲近自然，种菜、种树、摘果……他为给孩子从小树立起精神航标，不计成本“高大上”的投入，常使我担心他会因此破产。

人肉体生命的故乡是父母之家园，精神生命的故乡则是幼儿园。“诺贝尔摇篮”的孩子回首往事时一定不会忘记他们的精神故乡，不会忘记为他们精神成长默默耕耘的奠基人、守望者。

世间最大的功德，莫过于给予孩子以精神生命。因此，谢先生艰辛，然而幸福。

愿天下幼儿园都能成为孩子一生的精神故乡。

教法重要，但不那么重要

这些年听了一些课，觉得不少教师的教学就是在玩教法，赛谁的课件做得漂亮，一门心思想的就是怎么教能吸引眼球。——备课时间都花在做课件、想招数上，大有“教法”定乾坤之势。

这不怨教师，因为评课标准就包含着教学技术、教法的运用。运用多媒体、时尚教法加分，自然便趋之若鹜。“先教后学”“以学定教”“翻转课堂”……就这么成为公开课的“法宝”。

教法自然要讲求，凡事都要讲究方式方法，才能提高效能。孔子早就“曰”过:“不愤不启，不悱不发。”这在今天仍是“学生本位”“教学一体”思维，丝毫不亚于“先学后教”之类。“愤”“悱”，是学生处于积极思考、力求表达的心理状态，“启”“发”是教师适时点拨、指导。这表明教师“教”基于学生的“学”，师生是合作、互动、默契的，比“先学后教”将“教”“学”分成先、后阶段、次序要科学得多。因此，不应为标新立异而标新立异，也不应见到所谓“新”教法便不辨是非一哄而上。

即便是真正的好教法，也有个因地制宜、因人制宜、因课制宜的问题。真理都不能放之四海而皆准，何况那些“拍脑袋”拍出来的“教法”。

教法再重要，也只是“末”“技”。教师的“学问”，才是教学的“本”“道”。舍本逐末、重技轻道，是得不偿失的。

教师没学问如何指导学生自学？用什么来“教”呢？不论“先教”还是“后教”，得肚里有“货”啊。“不愤不启，不悱不发”，没学问，把学生往哪儿启发？

教法不那么重要，当然是对有学问的教师而言。教师会做学问，一般教学效果也不会差到哪儿去。教学，不就是教学生做学问吗？梁启超先生说：“教员不是拿所得的结果教人，最要紧的是拿怎样得着结果的方法教人。”这就是从做学问中悟出来的教法：告知学生方法、过程比告知结果更重要。

不做学问的教师便不可能像梁先生这样教给学生“得着结果的方法”，往往知其然，不知其所以然。不论“先教”“后教”，教的都是别人研究的结果；不论是“启”是“发”，势必不是肤浅，就是误导。

没学问，用什么法都是白瞎、徒劳。有学问，方可言教法。教法是锦上添花的事。

该给教法跟风热降降温了，把琢磨教法的时间放在做学问上多好。“君子务本”，学问是教学之本。没学问便没有教学的资本、资格，教法也无从谈起。

人机大战败北：下一个轮到谁？

1996 年 2 月 17 日，国际象棋棋王卡斯帕罗夫对垒“深蓝”计算机，以 4：2 胜出，获 40 万美元奖金。得意尚未扬扬，仅隔一年零三个月，便胜负易手。1997 年 5 月 11 日，他以 2.5：3.5（1 胜 2 负 3 平）败北。

这在人工智能发展史上有里程碑意义，也给人类以重重一击。人类被自己的创造物吓出一身冷汗：人脑不如电脑，人工智能挑战人类智慧，人被机器征服的时代到来了吗？

2016 年 3 月，败绩延烧到最复杂的棋种——围棋。韩国棋手李世石与人工智能“阿尔法狗”的围棋之战以 1：4 完败。李说：“‘他’下了人类想不到的一手。我对‘阿尔法狗’围棋的表现感到吃惊。事实上我一直认为不会输掉。但‘阿尔法狗’围棋下得那么完美，真没想到。”这惨败无疑对李世石，对所有围棋手，对围棋这个项目，都是致命打击。人与人厮杀得大汗淋漓、死去活来，却让一台冷冰冰的机器轻易取胜，这个智力游戏有意义吗？围棋界的沮丧与崩溃，可想而知。

继李世石败北之后，2017 年 5 月，中国围棋天才柯洁同样惜败于“阿尔法狗”，围棋高手不敌人工智能，再次提高了人类对人工智能的警戒级别：人工智能将会取代乃至干掉人类？人类在玩火，在自掘坟墓？

一个普遍的忧虑在迅速蔓延，人类在思考：哪些职业即将被人工智能取代，哪些职业较晚或最后被取代——似乎不是会不会，而是迟早的问题。人类开始正视这一严峻挑战：怎样限制、能否阻止、如何应对人工智能一往无前的步伐?

其实，这一幽灵也已悄然入侵语文界。2011 年 9 月 7 日报道：新加坡华文教研中心研发了自动作文评改与学习系统，作文评改平台 8 秒内可评改一篇 300 字作文，能侦测字、词、句错误。学生用该系统可在家自学，作文可即时反馈，改正错误。可用电脑写诗、小说，应用文写作更不在话下。语文课程被定位为“学习语言文字运用”的“工具性”认知，将不攻自破，彻底颠覆。应用性文字技能已无须学习，电脑会“写”得比你更规范。教师还来不及为减轻工作量欢呼雀跃，惊悚与隐忧便使之寝食难安。可以预期，抵抗专横跋扈的电脑，捍卫辛苦工作的权利，将成为燃眉之急。

语文课程将如何重新定位? 什么是电脑难以取代、无可企及的? 是培育情感、思想，感觉、感受、想象力，言语灵性、悟性、个性，言语信念、信仰? 人工智能将止步于哪道门槛?

面对“人工智能”挑战，你为明天做好准备了吗?

从教师“职业倦怠”说起

每每听到我的学生——青年、中年教师诉说“职业倦怠”，对教育、教学失却热情、激情，以致麻木、敷衍，盼着早点逃脱、退休，我对此深表同情与理解，年复一年在应试教育泥潭中打滚，不“倦怠”才怪。然而，这教师“职业病”，恐怕不像磨合失败、“七年之痒”的离婚，或简单归因于“围城效应”，司空见惯，一笑置之，而是一个需要严重关切的社会问题。

其实，我知道教师“职业倦怠”并非仅仅是“应试”祸因所导致的。教育现状，从学前教育、基础教育到高等教育，问题多多。也许中国当下最大的难题不是经济，而是教育。没有哪一个社会问题与教育无千丝万缕的关系。

2016 年 1 月 11 日，中国与老挝警方联手成功摧毁特大跨国电信网络诈骗集团，抓获犯罪嫌疑人 470 名，抓获犯罪嫌疑人之多、团伙规模之大均前所未有。——当我们为警方恪尽职守、重拳出击喝彩之时，是否心里会掠过这样的疑云：当今电信诈骗与非电信诈骗充斥，中国手机用户每天都要收到多次诈骗电话、信息，受骗者不计其数，这背后隐藏的骗子，恐怕是 470 名的 N 倍。这些骗子是谁培养的，难道与教育没有关系？

如果说“制造骗子”跟教育只有间接的关系，“职业倦怠”无疑跟师范生教育有着直接的关系。今天师范教育就为了求职，而人格教育，价值观、信仰教育，基本阙如。美其名曰：与市场接轨。教育一旦变成产业，就跟医院变成企业一样，社会的噩梦便开始了。

以谋生为教育准则，师范生所学只是专业知识与职业技能，不知道何以需要教育，为什么要当教师，如何定位师生间的社会、伦理关系等——只为奉行“应试”功令而教，缺乏教育理想、追求，“职业倦怠”便不可避免地发生了。其实何止师范生培养应以信念、信仰教育为本，其他领域的教育也负有价值观培育的使命，只是说，这对于师范生尤其重要。

教师确实是一种职业，一种谋生手段，但教师是一种特殊的职业，当教师不只是为了谋生。因为，它的“产品”是“人”。创造人、造就文化人，成就、承传人类文明，提升人类的主体性，这是它与其他职业本质上的不同，也是教师崇高感所在。

只有让师范生认识到这种“崇高感”，日后才有归属感、使命感，才能从根本上预防“职业倦怠”的发生，即便在“应试”雾霾中也不致迷失自我。

第二章

语文实践之问

经典务本　立言成志

——窦桂梅课的“表现—存在本位”解读

2016年11月2日“千课万人”教学观摩课，窦桂梅老师教《阿长与〈山海经〉》，让不少专家、教师大惑不解：读鲁迅那么长、那么难的文章，小学生读得懂吗？这是八年级的教材啊！确实，在当下，连中学生读鲁迅也头大如斗；小学教材只选鲁迅的一篇《少年闰土》——《故乡》节改版，不就是为了想让小学生读懂？读不懂的，还能教吗？

这普遍的困惑，也体现了对“表现本位”理念的隔膜。因此，有必要对窦老师的课作一诠释，为她说说课。

一、读鲁迅、读经典是为“立言”价值观打底

读鲁迅，即读经典。读中国现代文学经典，不读最伟大的作家、作品，读什么？窦老师上《阿长与〈山海经〉》，是她策划的清华附小“亲近鲁迅”专题教学活动内容之一，是清华附小“成志教育”精神的体现。在语文教育中，“成志”，就是成就“立言”之志；鲁迅是“立言者”之楷模，让学生了解这类作家和他们的作品，十分必要。语文学科人文关怀的特性，就在于激发存在性言语动机，培育“立言”这一核心价值观。

窦老师课的“导入”部分介绍学生认识多才多艺的、了不起的文化巨匠鲁迅，结尾部分提供了鲁迅主要作品目录，阐明他的影响等，都是为学生敞开走近鲁迅之门，激发他们进一步学习、研究经典的动机，培育“立言”之志，这有“动力学”价值，是听课时不应忽略的。

至于经典是否读得懂，懂多少，这不重要。读书要读“懂”，是伪命题。经典是常读常新、读一辈子的，好书不厌百回读，便表明别指望一次性读懂。能懂多少是多少，基本不懂也没关系；能记诵最好，即便留点印象，也会受用终身。小学生要多读、记经典，少读时文、儿童文学，基本不读绘本——读经过时间检验、淘汰过的经典，尤其多读古代经典，是“性价比”最高的。留下经典的记忆，就是为一生“立言”打底。不读经典枉少年。

窦老师教《阿长与〈山海经〉》是小试牛刀，她有一个庞大的“回归经典”研读计划，为成就“立言者”搭建天梯，诸位别被吓着。

二、“表现本位”阅读重在“转化”“再创造”

以“立言成志”为导向，必然要以“言语表现”为本位。人类主要是通过写作、言语创造，建构精神家园，彰显存在价值，从而获得归属感、尊严感、成就感的。这就是“表现—存在论”之要义：我写故我在。因而，语文课程“表现本位”（写作本位）转向，乃大势所趋。

与“阅读本位”教学理解、吸收的定位不同，“表现本位”教学重在“转化”与“再创造”。要使文本中的志、知、情、意、能，“转化”为学生的志、知、情、意、能，以丰富、提升其心灵境界与言语素养。心灵丰富了，便有了表现、创造欲求，有喷涌不竭的写作源泉。情动于中，才能发之为文。阅读、理解文本不是目的，而是迈向“再创造”的跳板。

基于“转化”“再创造”的认知，我们看到窦老师的课风剧变：她不再像以往那样较多地帮助学生咬文嚼字地细读、读懂文本，而重在启发学生体验、感觉、情感，以调动、组织学生参与性、创造性的言语活动为主，促成其自悟。有了学生的言语感知、创造活动，才有真正意义上的“儿童本位”教学。她在课上还原叙事背后复杂纠结的负面情感与正面情感，品味字面上看不到的秘密与味道，了解表现上的详略、抑扬、消长，试图打破写人“只写好事”与表现“单一情感”的写作思维定式，引导学生从阿长联想到值得尊敬的亲人、他人，学习复杂情感的构思与表现……孩子的言语生命被激活了。

“表现本位”课堂，踩在“理解”文本的垫脚石上，牢牢揪住“转化”“再创造”的缰绳，就对了。

三、想象是“转化”“再创造”的助推器

在“转化”“再创造”过程中，需要大量的情境、行为的还原与人物的代入、置换，这些都离不开想象，离不开借助想象领悟写作的道理与方法。在“转化”“再创造”的工具箱中，想象是最重要的工具，也是亟须培养的写作核心能力。

许多教师以为“表现本位”“写作本位”阅读教学就是读、写结合，是某些写作技能的训练，是边读边练笔，这是一个极大误解，是极其肤浅的认知。练笔可以有，不是必须有。那些纯粹的写作技能训练课，以为是“指向写作”，最“写作本位”了，其实是舍本逐末。离开从经典研读中培育、获得志、知、情、意，便没有真正的写作之“能”。

窦老师的课没有练笔，但是有三项活动让人印象深刻，都是通过想象来促成“转化”“再创造”的。一是将母亲说长妈妈“……晚

上的睡相，怕不见得很好罢？”让学生代入，想象换成以鲁迅身份直接对长妈妈会怎么说；二是请学生带动作、有表情地朗读长妈妈说“恭喜恭喜”那段描写，体会在讲“规矩”背后长妈妈深厚的爱心；三是想象没文化的阿长如何买《三哼经》，让多位学生自行创设情景对话表演，让他们进入角色进行虚构与表现。贯穿这些活动的是通过想象体会人物情感、丰富自我情感，并进行创造性地表达。想象是丰富学生心灵与学习言语表现的助推器。想象力属于言语智慧，是写作的核心竞争力；言语智慧重于表现技能。想象力是言语智能之母。一个人失去什么也不能失去想象力，语文教师不培养什么也不能不培育言语想象力。窦老师的教学设计，也是充满想象力的，是用教师的想象力唤起学生的想象力。

此外，我还想请各位注意窦老师板书最先写下的是“回忆性散文”。在课中，这个关键词多次出现，这意味着本课任务是学写回忆性散文。培养文体感是“表现本位”教学的题内之义。鲁迅散文是不可复制的，但可以从中学到怎样写回忆性散文。教其他文章也一样，目的是培养某一文体感。借助某一文本，教的是某种文体的写作，这应成为教师的教学常规。缺乏“教文体”意识，便没有正确、高效的“表现本位”教学活动。

四、赘论：“我会怎么教”之浅见

窦桂梅老师“表现本位”教学显示出较高的悟性水平，综合才智超群，给予我许多教益与启示。毋庸讳言，这是一个艰难的转向，任何人都难一蹴而就。我也仍在不断思考与探索中。文无定法，课无常型。在“转化”“再创造”上，势必还有提升空间与其他教学选择，愿奉献拙见与大家分享：

如果我来教，会跟学生说鲁迅的“弃医从文”：疗治人的精神比疗治肉体更重要；会跟他们讨论鲁迅为什么写《朝花夕拾》，写《阿长与〈山海经〉》……求解“为什么写作”之谜，为学生写作、立言寻找理由——动力支撑；积聚能量，激发言说欲、立言欲，是语文课永恒的主题。

我会根据学情，聚焦某一言语素养、能力的“转化”、生成：或与学生一道进入鲁迅写作的心路历程，猜测、还原这篇文章——回忆性散文是怎么写出来的，如何起意、立意、选材、构思、表达、修改；或让学生将鲁迅这篇文章与自己写的回忆性文章相互参照、比较，体会如何选择、运用更好的写作内容与表达方法，有针对性地释疑解惑；或“入乎其内”，让学生进入该文章的各个语境，想象自己对长妈妈的作为有什么感觉、情感，比较自己与鲁迅的感觉、情感有无异同，相互交流个人特殊的情感体验；或“出乎其外”，回忆自己对某一家人、老师、同学有什么特别想表达的感觉、情感，内视这感觉、情感随时间的推移，是否产生了起伏、反差或变异，讨论打算表现什么、怎样表现……

从求“语用”到求“立言”，从读时文到读经典，从为理解、吸收到为转化、再创造，从写生活到写心灵（写思想）等观念的重构，终将成为语文界的共识。到那时，想必窦老师经典研读计划已遍地开花、硕果累累。孩子们老庄、孔孟、李杜等读过不少，满腹诗书，出口成章，落笔珠玑——诸位还会对她引领学生“亲近鲁迅”感到惊讶吗？

重在置换情感、丰富心灵

去清华附小之前，窦桂梅老师说 101 年校庆活动要进行鲁迅作品教学研讨，教《阿长与〈山海经〉》《少年闰土》等，希望能体现“表现本位”理念。2016 年 9 月 22 日晚上，她在筹划校庆活动之余，写好《阿长与〈山海经〉》教学设计发给我，内容有三个板块，对文本的思考已较为深入，打算第二天试教，想听听我的意见。

时间已晚，怕她急要，我简单回复如下：

窦老师好！辛苦了，意见供参考：

拜读设计，您的目标主要是让学生理解“怎样的一个阿长”，重在理解上。是否可以调整一下思路，这个阿长，是鲁迅寄寓着复杂、深厚情感的人，该文写阿长的许多事，目的不是要让读者知道阿长何许人，而是要表现“我”对她的种种情感，尤其是“敬意”，全文是以情感变化为线索贯穿的。

如果从“表现本位”出发，是否可以：

1. 将目标定位为“学习复杂情感的表现”。

2. 您的导入很好，激发学生的学习兴趣、热情。是否可增加鲁迅为什么写作，为什么写《朝花夕拾》，使学生明白写作的意义，以激发学生的言说欲、写作欲。这是动力学要求。

3. 为了与学生写作学情对接，课前可让学生写《我最尊敬的人》

作为参照系，多数学生可能写的是“高大上”的单一情感，让他们带着问题、困惑进入学习。这也是学习动机的激发。

4. 主体部分是梳理情感线索（寻找、交流、讨论关键词）：“最讨厌”“最麻烦”——空前的敬意、“特别的敬意”——敬意淡薄起来，“完全消失”——新的敬意，“确有伟大的神力”（由负面情感到正面情感，再到负面情感，最后以正面情感作结：抑—扬，起—伏）。在对阿长复杂情感梳理中，自然也包含认识到阿长是怎样一个人，但重点是引导学生认识其情感的丰富与变化。其中也体现了写作运思——行为过程。

5. 让学生对照自己写的作文，通过比较认识自己的优点、缺点，交流修改设想。把修改放在课内、课外均可。读以致写，使教学目标得以落实。

6. 您的读整本书的要求依然可以进入，但最好要求写读书笔记、读书报告之类。

不一定对，相信您一定会处理得比我好。不妥之处，请指教，谢谢！

潘新和

2016 年 9 月 22 日

10 月 1 日，她再次来信谈上课之后的反思：

潘老师，节日快乐！

结合您的建议，我们围绕怎么写开展讨论。

1. 写一个人，既有优点，又有缺点，写出阿长不仅讲规矩、讲道理，还是爱讲故事的阿长啊。长毛，美女蛇……满足了一个孩子的好奇心。在写的时候，有详略，有重点描绘，有一句带过，编织一起，组成了有生命质感的完整的阿长。

2. 文中两个鲁迅。童年的，本真的事实描述；中年，重点对在阿长的各种描写里透着浓浓的怀念。童年的回忆在中年时，如金子一样闪光！两种感情交织描写，复杂情感，金镶玉！

3. 阿长，把三个字的《山海经》读错了两个。没有文化的仆人，和《山海经》放在一起，不搭调，可却产生了伟大的神力！

4. 阿长只做好自己就可以了。鲁迅根本没有指望她，不懂，不必，不可能的；她却做到了，奇迹啊，不是伟大的神力，是什么？可阿长怎么买的，为什么买都没有直接写。曲笔中的丰富。

5. 少年情景中的“我”，与成年后写成文字的“我”，比如因为隐鼠至死，视若仇敌，可因为念念不忘的《山海经》竟然仇恨全部消灭！简略收笔，相比其他故事的浓墨重彩，四两拨千斤。终究不在渲染，倾注真情，才是关键所在。

6. 每次阅读写阿长的文字，我就流眼泪，想起自己最熟悉的母亲，有时又特别像自己，所以课上我会问，阿长像谁，孩子都会说像姥姥、妈妈等。有缺点的、有无限关爱的好人，是最真实又耐人寻味的。

7. 潘老师，今天放假，静下来想得很多，可觉得小学六年级学生，该接受多少？何况，必须是《小学生鲁迅读本》选文，不能原文全给。这些不能都告诉他们，而是让学生感悟……

上述几点，我拉拉杂杂说了一些，但不能面面俱到。另外，我还想请你帮助我指导一下，鲁迅的写作，尤其写回忆性散文最大的特点是什么。您建议的“复杂感情的表达”，文艺理论上有这样说的吗？您帮助我们再指导指导，可好？总之，我对这篇文章特别有感觉，上了一次了。

显然窦老师已调整了思路，将重心从了解“阿长是怎样一个人”，转移到“怎么写”阿长上，以教学生“写”为目标，“写作本位”意图明显，对“表现论”阅读有了新领悟：不但考虑该教哪些写作技法，而且将学生带入到作品情境中，激发孩子的情感共鸣，同时，关注回忆性散文的特点。——将学生“代入”作品语境，将作者、作品中人物的情感“转化”为学生自己的情感，从学习作品到培养文体感，这些对学习言语表现极为重要。只有引领学生进入了文本情境，才能激发言语动机，转化、生成、写出自己的作品。学的是别人的作品，唤醒、诱发、表现的是自己的情意。作家写作个性不可复制，可学的是文体写作共性，注重培养文体感。从《阿长与〈山海经〉》学习回忆性散文写作，该教什么、怎么教，下面这是我的回复：

窦老师好！

您能从言语表现视角确定教学目标与内容让我感到欣慰与钦佩，以下想法再供参考：

1. 散文是主观的，回忆性散文主观性特别浓。散文的材料固然是基本真实的，但不是客观地表现事物，如果要客观地表现事物，那是观测报告、实验报告、调查报告、传记之类。散文写的是记忆、印象、感觉，即心灵影像，追求艺术真实，所以，学生读、写这类回忆性散文，目的是丰富感觉与情感——心灵，不是要客观、真实地介绍某些人或事，不是求知，而是审美。往往越主观、独特越美。

散文的主观性，从鲁迅《朝花夕拾》“小引”中可见一斑：

我有一时，曾经屡次忆起儿时在故乡所吃的蔬果：菱角、罗汉豆、茭白、香瓜。凡这些，都是极其鲜美可口的；都曾是使我思乡的蛊惑。后来，我在久别之后尝到了，也不过如此；唯独在记忆上，还有旧来的意味留存。他们也许要哄骗我一生，使我时时反顾。

这十篇就是从记忆中抄出来的，与实际内容或有些不同，然而我现在只记得是这样。

鲁迅所表现的是被“思乡”情感过滤、改变过的记忆，是自我“哄骗”。这是心甘情愿的受骗，因而是独特、美好的。

了解阿长何许人，有什么优点、缺点并不重要。所谓阿长的优点、缺点，只是鲁迅一己自以为是的感觉，未必真就是她的优点与缺点。鲁迅眼里的缺点，如除夕的那一套规矩，在他的母亲眼里可能是优点。鲁迅所谓的优点——伟大的神力，在其母亲眼里给孩子讲这些乌七八糟的可怕、荒唐故事，却可能是缺点。鲁迅写这篇散文，不是给阿长其人做鉴定，不是告诉大家阿长是值得所有人尊敬的人，而是表达自己对阿长的特殊情感与怀念，表达童年（成年）的自己对阿长的讨厌、怨恨、同情、崇敬等复杂的情感。

我们让学生知道鲁迅对阿长怀有什么复杂情感还不够，仅此还是“阅读本位”思维。重要的是，要让每个学生对阿长其人有属于自己的情感体验、反应，并举一反三，推及对其他人和事的内视、内省与表现，这就是“转化”，磨炼感觉与情感，使之可以写出特殊的自我情愫，这才是教学重点，才是“表现本位”思维。客观地认识阿长（事物），写出来的定是千人一面之文。主观地感受阿长，不拘一格，才能异彩纷呈。

2. 指向表现的教学，目标要单纯。您的教学涉及如何表现人物的优点、缺点，如何分清主次、详略，如何运用曲笔等，这些确实都值得学，这篇经典文章可以学习借鉴的从内容到形式——写作技能、技巧太多了，没法面面俱到，只能集中在一个点上，才能学有成效。究竟集中在哪一个点上需要选择。那么选择的依据是什么？

本来如何确定教学目标应该从课程整体要求上来统筹考虑，但是目前的统编教材编写者缺乏课程观念，基本上都是“阅读本位”思维，在培养言语表现素养上不得要领，自然一片混乱——自选教材更没有统一的教学目标。在这种情况下，教师只好凭个人感觉，自以为什么重要教什么，或喜欢什么教什么，这是不对的。作为教师个人，唯有从现有学情出发来考虑设置什么教学目标。目标是指向写作，学情主要便是写作学情。了解写作学情，自然要以学生作文为首要依据。这就是为什么我上次请您先布置学生写一篇《我最尊敬的人》的原因。课文讲的是一位作者满怀“空前的敬意”“特别的敬意”“新的敬意”的人，“敬意”是其核心情感。这篇学生作文与教材在所表现的“核心情感”上相似，二者才可以对接，借此了解学生写作学情，针对性地解决写作实践中的问题。这两篇文章有直接的可比性，教师可以发现学生写类似文章有什么问题，从问题状况出发确定教学目标。同时，学生也可以从比较中发现自己写的文章有什么不足，加以改进，这就大大激起学生的学习兴趣与欲望，因为教学是“切己”的。教师、教材、学生三者“对表”，师生目标一致，才可望达成高效教学。

学生写此类文章存在的问题一定不止一个，例如写最尊敬的人，可能大多写的是父母、老师、优秀人物、心目中的偶像，不大会选择写底层的小人物，不会尊敬一个没文化的毛病多多的保姆；直奔主题，写人物的各种优秀品质，材料同质化；对人物作道德、思想、文化评价等，即成人化、社会化评价，不会从孩子的心理（真心、内心）出发进行审美感知；只写值得尊敬这个结果，不写负面情感演变为正面情感的过程……还存在您说的那些写作技法上的问题。问题这么多，要考虑其中最需要解决的是什么，学生哪一问题表现得最突出，或培养散文写作素养什么是最重要的。很可能是情感的单一、僵化，也可能是别的什么，这要从教学实际情况来确定。

3. 目标确定后，要攻其一点不及其余，或攻其一点辐射其余。如目标确定为“复杂情感的表现”，别的可以不讲或少讲，主要放在梳理课文的情感变化线索上，同时比较学生的单一情感的文章。鲁迅的改造国民性，“哀其不幸，怒其不争”，童心、幽默感等，都要根据梳理情感线索的需要，决定讲不讲，讲多少，用什么方式让学生了解。重心要放在情感“转化”上，将学生带入语境去体验。他们的情感体验可能与鲁迅相似，也可能与鲁迅不同，值得珍视的是那些不同的感觉，是同学间的差异性，使学生意识到与众不同的情感体验才更有表现价值。

4. 目标一旦确定，这课也可以上得很简单。您上的是课外阅读指导课，而且属于提高性质，课文难度较高，教学目标、要求不是刚性的，不必非要达到什么高度，教师心中有数就可以了。让学生自读之后，集中谈鲁迅的《阿长与〈山海经〉》与自己写的《我最尊敬的人》在表现情感上的不同之处，谈从课文中学到了什么，自己打算怎么改。打算写什么人、什么事，想要表现自己什么样的情感变化。有自己的文章垫底，通过与课文比，与其他同学比，就有话可说。这只是一个跳板，明白了要写情感的生成、变化过程之后，可以不局限于写《我最尊敬的人》，也可以自由选择写最讨厌、最喜欢、最害怕、最崇拜……的人。学生课堂讨论、交流，要围绕着对人物的情感变化过程来谈。教师适时加以点评、引导，联系课文内外进行论证。课后将所说的整理、加工成文。这样的课，便将“儿童本位”体现得很充分。

言不尽意，愿您领会精神，上得精彩。预祝成功！

潘新和

2016 年 10 月 3 日

不难看出，在《阿长与〈山海经〉》这篇叙事散文教学中，我关注的不是以往记叙文写作所谓的“写生活”“写真实”，不是观察生活、体验生活、贴近生活等似是而非的理论，而是贯穿于叙事中的主体个性化的感觉、情感——情绪记忆。不是生活真实，而是心灵真实。回忆性散文，写的是心灵历程。

不是因为有生活，便有写作、文章；而是有独特的感觉、情感需要表达，有写作激情、意念的萌动、发生，染上感情色彩的生活素材才有了生命，才能写出与众不同的诗文。写生活——客观叙事不是目的，表达内心隐秘、微妙的情感才是目的。经个人情感渗透、筛选的生活素材，生命化、心灵化了的生活，才有表现价值，才有感染力、震撼力。没有感觉、情感附着的生活是米——平淡无奇的经历、日子；寄寓着特殊感觉、情感的生活才是酒——有美感、智感的文章。感觉、情感、思想等，是“米”变成“酒”的“酒曲”——催化剂。

因此，回忆性散文写作，要关注作品的主观情意性：我们看到的阿长、百草园与三味书屋……是鲁迅眼中、心中的阿长、百草园与三味书屋……其笔下的人、事、物，诚如鲁迅所言：“与实际内容或有些不同”，即并非确凿无误的生活实录。要将学生从“写生活”“写真实”的纪实思维泥沼中拔出来，解放他们迟钝、麻木的感觉、情感，使之重新敏锐、活跃起来；学会内省、内视，才能写出有情味、意味的文章。磨砺感觉、丰富情感、培育思想，是指向言语表现与创造的阅读教学的要义。

表现论阅读，读鲁迅，就是读出鲁迅的感觉、情感、思想，将其置换成自己的感觉、情感、思想，并加以表现。没有“置换”，别人写得再好还是别人的，岂不白读？以往“阅读本位”下的文本细读吃力不讨好，原因就在于不知道关键是“置换”，这是语文教学的最后一千米。在很大程度上，教师的教育智慧便体现在如何“置换”上，这是教师应把握的教学着力点。

文章表现的感觉、情感、思想不是单一的，而是复杂、变化着的。表现单一情感，往往是雷同化、概念化的，也是不真实的。因此，我把潜在的教学目标放在“复杂情感的表现”上——这也是我要学生写《我最尊敬的人》的原因所在。抽象地告诉学生要表现复杂情感与情感变化作用不大，但如果学生写过《我最尊敬的人》之后，有了感性经验，再读《阿长与〈山海经〉》，知道鲁迅写的也是最尊敬的人，即便教师不说，他们也不难发现二者的不同，悟出该怎么写人和事，才能表现独特、复杂的情感。这就会加强他们学习、写作的意愿，提高悟性。

刘再复先生说：“鲁迅的作品很有感染力，包括杂文，也很有感染力。这种感染力来自情感。文学感染人的力量归根结底是文学的思想情感力量。”[①] 他指出了文学乃至非文学（杂文是介于文学与非文学之间的两栖性体式）写作的深层共性：感染力来自于“思想情感”。然而，我要补充一句：思想情感来自于言语、精神生命动力。存在性的言语、精神生命意识勃郁于中，才有思想情感之花的绽放，才能产生感染、震撼读者的力量。

语文教育归根结底是言语、精神生命的唤醒，感觉、情感、思想素养的培育。提高言语、精神生命意识，激发言说欲，建构丰富的心灵世界，才是为言语表现立本。

① 李泽厚、刘再复：《彷徨无地后又站立于大地》，《粤海风》，2016 年第 5 期，第 10 页。

读原著与系统阅读

《少年闰土》是小学语文教材中唯一入选的鲁迅文章。入选的初衷，显然是希望小学生一窥这位中国现代文学大师的丰采，引发进一步了解鲁迅的兴趣。该文节选自《故乡》，就节选部分而言，显然不能反映《故乡》的主题，更不能体现鲁迅作品的思想风貌，相反，还可能产生误导。因而，这可能不是亲近鲁迅，而是疏远鲁迅。

单看《少年闰土》，可解读为描写一位小英雄、一位阳光少年，他活泼、聪明、勇敢、能干，为鲁迅封闭的童年生活，敞开一个广阔、新鲜的世界，激起他对农村生活的向往。教师一般认为该文表明了鲁迅“对闰土怀有特殊的感情”“热爱农村生活，热爱劳动人民的思想感情”，或是表达了作者“对闰土的赞扬和无限羡慕以及对自己所处的生活环境的不满”……这些理解，就文论文，也许不无道理，但要知道，这只是原作全文中的一个片段，脱离原作的断章取义，既违背了作者的写作意图，无助于了解鲁迅的思想，也有悖鲁迅反对读“选文”的阅读观。

所幸执教的清华附小张华毓老师，一位全身心投入在课堂上的老师，真诚、热情、机敏溢于言表，她没有纠缠于分析闰土“质朴、认真、机智、勇敢”的品质，而把教学重心放在学习“怎么写”上，在一定程度上弥补了对原作主题的认识偏颇。

她涉及“写法”甚多，先请学生讨论重点词句、标点、肖像描写、对话，是如何写出鲜活、立体的闰土的；引导学生认识白描、对话、色彩感、画面感等技法，主要的活动有对话表演、微信头像设计、个性签名等，这使学生对鲁迅的叙事手法有所了解，通过当场说写活动，在言语表现上得到练习与感悟，收到较佳教学效果。学生为鲁迅写的“个性签名”，如“花有重开日，人无再少年，我希望永远过自由自在的生活”，就写得不错。注重学习“怎么写”，比以往拘执于文本细读，停留于读懂、理解文本进步了，值得肯定。张老师在叙事白描手法上，让学生走近了鲁迅，留下一些感性印象；用学生感兴趣的对话表演、微信头像设计、个性签名的表现形式，让学生将自己对课文的阅读感受表达出来，能着眼于激发言说欲，这是有动力学价值的。

也许可以做得更好。如能够集中于学习前后照应、白描、对话、肖像描写、动作描写中某一方面，与学生写作实际的问题状况对接，攻其一点，不及其余，学习目标集中、明确，与学生写作需求相呼应，效果可能会更明显。

最好在读完《少年闰土》之后，引导学生拓展开去，读原作《故乡》，还原真实的鲁迅。学生一定会有不一样的感觉，会恍然大悟——在《故乡》中，写“少年闰土”、新鲜有趣的农村生活不是重点，而是作为陪衬，是为了与阔别30年后的中年闰土进行对比，写他们之间的情感变化：闰土从一个活泼、聪明的阳光少年，变成了麻木不仁的“木偶人”；他们从亲密无间、难分难舍的小伙伴，到相互间有了巨大的隔膜——“隔绝到这地步了”。六年级的学生仔细品读，会看出人物前后性格、情感的鲜明反差，会体验到鲁迅表达的不是快乐，而是悲哀；不是向往，而是痛心。这对他们学习运用对比手法表现人物、抒发情感是有帮助的。

孤立地读节选出的《少年闰土》，以为更贴近儿童心理，使之容易亲近鲁迅，却适得其反，他们会将鲁迅的悲悯误作怀旧，痛感当成快感，对鲁迅的认知发生偏差——只看到其童心、友情、怀念——与作为冷峻、深刻的思想家、批判家的鲁迅，毫无知觉地失之交臂。

《故乡》的主题不是怀旧：思乡、思人，更不是称颂、怀念闰土，而是社会、文化反思，写的是深切的悲哀、失望与希望。其主调不是欢快、明丽，而是阴晦、沉郁。文章递进式地展示了作者三重悲哀。

一是“己悲”。开篇就渲染悲情：“时候既然是深冬；渐近故乡时，天气又阴晦了，冷风吹进船舱中，呜呜地响，从缝隙向外一望，苍黄的天底下，远近横着几个萧索的荒村，没有一些活气。我的心禁不住悲凉起来了。……因为我这次回乡，本没有什么好心绪。”——祖屋卖掉，连根拔起，“别他而来”，这浓郁的离情别绪是“己悲”。

二是“民悲”。将近30年不见的闰土，那个戴着银项圈，手捏钢叉，活泼开朗、聪明伶俐的童年玩伴消失了，在生活、社会、文化的深重压迫下，不但外貌改变：“先前的紫色的圆脸，已经变作灰黄，而且加上了很深的皱纹；眼睛也像他父亲一样，周围都肿得通红，这我知道，在海边种地的人，终日吹着海风，大抵是这样的。他头上是一顶破毡帽，身上只一件极薄的棉衣，浑身瑟索着；手里提着一个纸包和一支长烟管，那手也不是我所记得的红活圆实的手，却又粗又笨而且开裂，像是松树皮了。”而且，更悲哀的是与“我”之间有了不可逾越的心理鸿沟：“……他站住了，脸上现出欢喜和凄凉的神情；动着嘴唇，却没有作声。他的态度终于恭敬起来了，分明的叫道：‘老爷！……’我似乎打了一个寒噤；我就知道，我们之间已经隔了一层可悲的厚障壁了。我也说不出话。”饱受生活磨难，挣扎于社会底层，闰土变得苍老、麻木、拘谨，完全换了一个人似的。作者对闰土形象的刻画，是将其作为哀其不幸、怒其不争的底层民众的符号，代表着“民悲”。

三是“民悲”加上“国悲”。“我”担心相互想念的侄儿宏儿与闰土的儿子水生，也将像“我”与闰土一样相互疏远：“我希望他们不再像我，又大家隔膜起来……然而我又不愿意他们因为要一气，都如我的辛苦展转而生活，也不愿意他们都如闰土的辛苦麻木而生活，也不愿意都如别人的辛苦恣睢而生活。他们应该有新的生活，为我们所未经生活过的。”“我想到希望，忽然害怕起来了。闰土要香炉和烛台的时候，我还暗地里笑他，以为他总是崇拜偶像，什么时候都不忘却。现在我所谓希望，不也是我自己手制的偶像么？只是他的愿望切近，我的愿望茫远罢了。”——“我”对新生活的渴望是“手制的偶像”，是“茫远”的，难以实现的。希望之所以“茫远”，是因为民众的麻木不仁；民众麻木不仁，是因为生活、社会、文化压迫：“多子，饥荒，苛税，兵，匪，官，绅，都苦得他像一个木偶人了”——这是“民悲”加“国悲”。

三重悲哀，一重比一重沉重，构成了《故乡》沉郁的情感底色。结尾，作者在悲哀中突围，在绝望中“逆袭”，逼出了希望，表明了愿景：“我想：希望是本无所谓有，无所谓无的。这正如地上的路；其实地上本没有路，走的人多了，也便成了路。”篇末点题：须有更多的人追求希望，“茫远”的希望才能变成现实。该文的主题是在悲哀、绝望中呼唤希望，旨在唤醒：唤醒麻木的民众走向创造“新生活”之路。——文中写“少年闰土”，只是反映“民悲”的一个局部，是三重浓重的悲哀中的一缕亮色，单读这个局部，既没能从中体会到《故乡》的主题，更无从了解忧国忧民、致力于改造国民性的鲁迅。

读原作《故乡》，小学生固然难以对其主题有深切领悟，但多少会感受到一些鲁迅的悲凉心境、悲悯情怀，与创造新生活的热望。这是比学习“写法”更重要的人文熏染、内涵修炼。学习“怎么写”是技、是末，学习“为什么写”“写什么”是道、是本。

读《少年闰土》之类的“节改本”有违鲁迅读书法。鲁迅反对读“选本”“删节本”：“选本可以借古人的文章，寓自己的意见。博览群籍，采其合于自己意见的为一集，一法也，如《文选》是。择取一书，删其不合于自己意见的为一新书，又一法也，如《唐人万首绝句选》是。如此，则读者虽读古人书，却得了选者之意，意见也就逐渐和选者接近，终于‘就范’了。读者的读选本，自以为是由此得了古人文笔的精华的，殊不知却被选者缩小了眼界。”[①] 先生对“选本”尚且如此反对，遑论“节选”并“改动”原文。先生若知道《故乡》被删改成《少年闰土》，不知作何感想。

不单鲁迅反对读选本，不少学者均作如是观，强调阅读要系统、完整，要读原著、原典。如胡适说：“古文的选本都是零碎的，没头没脑的，不成系统的，没有趣味的。因此读古文选本是最没有趣味的事。因为没有趣味，所以没有成效。”“与其读王安石的《读孟尝君传》，不如看《史记》的《四公子列传》；与其读苏轼的《范增论》，不如看《史记》的《项羽本纪》；与其读林琴南的一部古文读本，不如看他译的一本《茶花女》。”[②] 读全文、全书、原典，系统、完整地阅读，是学者的共识。

对中小学生不做过高要求，也不应做过低要求。教材固然不可避免采用“选本”“删节本”，教材中“节改本”是大量的，但一定

① 鲁迅：《集外集·选本》，《鲁迅全集》第7卷，北京：人民文学出版社1981年版，第137页。

② 胡适：《中学国文的教授》，《胡适文集》卷二，北京：北京大学出版社1998年版，第159页。

要十分慎重，以不误导中小学生为底线。不能一叶障目，不见泰山，删节、改编得面目全非，使学生对原作、作者产生片面、错误的印象。教师要给学生说清楚原著、全文是什么样的，要引导学生尽可能拓展到阅读原著、全文。鲁迅、胡适先生这些话是近一个世纪前说的，现在条件更好，要达成系统读书，读原著、全文的目标更容易。要让学生知道什么是正确、严谨的读书方法与治学路径，千万不可将学生带到沟里去，以为随便读点选文、节改本就够了。

在碎片化阅读成风的当下，重温先贤系统读原著的教导，依然振聋发聩。

从读儿童文学、绘本到读经典

清华附小已经在往读原著上努力。他们“读整本书”的教改实验多年，这次读的是鲁迅的《朝花夕拾》。从读教材中《故乡》删节本《少年闰土》，到读整本的《朝花夕拾》，再到读鲁迅的其他著作，这是一个跨越，也是一个回归：回归经典研读，回到明道、立言传统上来。

“读整本书”是由语文界前辈倡导，今天许多学校都在推动、实践。在小学，“读整本书”大多读的是儿童文学、绘本——让小学生读连中学生都害怕的鲁迅，是需要勇气的。清华附小有一个庞大的现代文学经典阅读计划，读朱自清、闻一多、老舍、沈从文……超越教材，回归经典，专题研究，进而立言、成志，这也是窦桂梅老师的新理念。这个跨越太重要了，怎么评价也不过分。这使我看到语文课改的希望，深受鼓舞。

我一向对抽象的口号或标签不以为然。因此，我对热火朝天的“读整本书”教改不是特别关注，我感兴趣的是“读整本书”究竟“为什么读”，自然也还有“读什么”“怎么读”。在“为什么读”上，我不赞成诸如“知识就是力量”“一个人的阅读史就是心灵发育史”之类泛而不切的“格言”，以及等而下之的为“应用”“应试”。这类不作具体分析的以偏概全的话没什么实际意义，现实中“知识就是阻力、遮蔽”“一个人的阅读史就是心灵窒息史”的反例比比皆是，读书读傻了比读聪明了的人多得多——且不论为“应用”“应试”的读书，还会助长功利心、实用主义、虚荣心等。更重要的是，这些语文教育认知，没有揭示人类阅读的本质——精神、文化创造，建构精神家园；没有看到语文教育中阅读目的的特殊性——指向写作、立言。

在“学习语言文字的应用”的本体观下，关于“读什么”，“五四”以后有一个成见：读儿童喜欢、能理解、需要用到的——自然非白话文、应用文、儿童文学莫属。仿佛不如此便违背了“儿童本位”。近年，民国时期教材受到追捧，其标准体例儿童文学、插图本白话文，其实就是那个时代杜威的“儿童中心”、实用主义教育思想的体现。在当时是对延续千年的语文教育文化的反叛，是从经典、文言教育向时文、白话教育转向，宗旨是平民化、生活化、实利化。殊不知，只顾及扫盲、普及与迎合“儿童心理”，反对读经，排斥文言文经典，却伤害了民族文化根基与立言之本，致使接受白话文、应用文、儿童文学教育的几代人，再无大师出现。——1912 年蔡元培先生甫任“教育总长”便下令“废止读经科”，也许是特定历史、文化语境下的一个误会。

儿童文学、插图本白话文教材编得再好，也不能取代经典阅读。如 1912 年蔡元培先生主持编写、商务印书馆发行的《共和国教科书新国文》，就是配插图的“半文言”：“渴则饮，饥则食，多饮多食，皆能伤身。”“父往他乡，女随母，送于门外，请父早归。”“小弟弟，在母怀，见姊来，伸手向姊，姊抱弟弟，窗前徐步。”内容可谓通俗易懂，且富于情味，包含着许多为人处世的道理。应该承认，有些课文比今天某些教材选文还好。“五四”以后的教材更为“儿童中心化”、生活化、浅白化。1932 年，叶圣陶先生以一人之力，撰写了 12 册《开明小学国语课本》教材（丰子恺先生配插图）。他在

《小学初级学生用〈开明国语课本〉编辑要旨》中说：“本书内容以儿童生活为中心。取材从儿童周围开始，随着儿童生活的进展，逐渐扩张到整个社会。企图与社会、自然、艺术等科作充分的联络，但本身仍是文学的。……本书尽量容纳儿童文学及日常生活上需要的各种文体；词、句、语调力求与儿童切近，同时又和标准语相吻合，适于儿童诵读或吟咏。”[①] 其苦心孤诣精神可嘉，令人感动。

然而，我不禁要问，小学六年天天读白话、通俗的插图本“儿童文学”，即便是由蔡元培、叶圣陶等先生呕心沥血编写的，这是儿童最好的精神食粮吗？能取代几千年流传不衰的经典作品吗？现在大量读欧洲国家、日本、韩国……中国本土的儿童文学、绘本，包括在这一认知下“读整本书”，可以给孩子打下厚实的文化根基、受益终身吗？答案显而易见：不能。因此，我欣赏清华附小经典阅读计划，以此弥补教材中经典阅读的不足。当然，选择面应该更宽些，最好以古代经典为主。现代文学毕竟只有一百年历史，古代经典是从两千多年作品中精选出来的。现代经典与优秀时文相对容易读，学生在课外随时会接触到；古代经典要是没有列入教材、教学计划，学生便难以涉猎，而且不知读什么合适。

我不是说优秀的时文、儿童文学、绘本不好，更不是说儿童不要读儿童文学、绘本，而是说要分清主次，要以读历代经典为主。在有限的学习时间中，要让孩子读性价比最高的书，读更有原创性的终身受用的书。在记忆力最好、求知欲最强的时候，不读经典更待何时？回归经典阅读是大势所趋。有人问国学大师南怀瑾先生何以那么有学问，他说全靠 13 岁以前读的经典。光读时文、儿童文学、绘本，能读出学问、读出大师吗？

---

① 叶圣陶：《小学初级学生用〈开明国语课本〉编辑要旨》，刘国正主编《叶圣陶教育文集》第四卷，北京：人民教育出版社 1994 年版，第 159 页。

确实，在引导儿童经典阅读上是有难度的，颇值得研究。清华附小王玲湘老师上《朝花夕拾》“读整本书”导读课，为我们提供了经典导读的一种样态。一节课导读一本书，而且是经典之作，王老师体现了化繁为简、由易到难、由点到面的教学功力。

她先投其所好，以小学生“好吃”为抓手破题，请他们说说书中鲁迅提到哪些食物，拉近了孩子与鲁迅的情感、心理距离。讨论《朝花夕拾》中的“吃”，虽然只是一个“导入”手段，其实可看作是“小课题研究”“专题研究”——关于经典专题研读，下文再说。

王玲湘老师的导读，先请学生谈阅读该书的印象，说说鲁迅是怎样的人。学生说:有趣、好玩、温暖、独特、丰富、天真、快乐……她抓住了其中的“好玩”，引用陈丹青先生说的“鲁迅是百年第一好玩的人”，选择读《从百草园到三味书屋》这篇“好玩”的文章入手。她知道该先给学生打开哪一扇门，让他们最容易进去。这篇文章离孩子最近，许多孩子有自己的“百草园”与“三味书屋”，有类似的生活经历与情绪记忆，该文则是《朝花夕拾》中童趣较浓郁的，以该文为重点导读内容是对的。她引导孩子读鲁迅“怎么写”百草园与三味书屋，讨论了细节描写、对比、引用故事等，从好玩的“放屁虫”到“长妈妈”讲美女蛇的故事，再到三味书屋先生抑扬顿挫入神地朗读，顺理成章地拓展到《狗·猫·鼠》中与阿长相关的“谋害隐鼠”事件，《五猖会》中父亲强令背书的情节……《朝花夕拾》10 篇，未必篇篇好玩，有的确实不太好懂，因此，如何导读需要教学智慧。将学生引入经典阅读，使之有了阅读热情与研究兴趣，剩下的事就交给他们自己去完成。他们感兴趣的可以精读，读不太懂的可以泛览，哪怕翻翻也好，留下了印象，哪怕是只记住了标题，或其中的一两句话，说不定在未来的某一天，需要用时，重读的兴致会再次燃起。读没读过经典，会影响到思想力的活跃度、敏捷性。

就读经典而言，障碍是以为经典深奥，儿童读不懂，以为将读不懂的教小孩读，违背了“儿童本位”。其实，读得懂才能读，是一个伪命题。只读读得懂的，才是违背了“儿童本位”。我以为，从儿童发展看，要多读读不懂的，少读一读就懂的。亚里士多德说：求知是人的本性。读不懂才会激发好奇心、探究心。所谓“懂”，是相对而言。几乎没人敢说完全读懂了经典。著名古代文学专家、庄子研究专家、狂狷之士刘文典先生说：“《庄子》我是不太懂的！……那也没有人懂！”“说到《庄子》，不是什么研究的蹊径问题。古今中外的那些‘学者’不论经由什么蹊径，皓首穷经，勉强算是挨近了《庄子》的，寥寥可数。算起来，全世界真正懂《庄子》的人，总共两个半，一个就是庄子自己，中国的《庄子》学研究者加上外国所有的汉学家，唔，或许可以算半个。”剩下那“一个”自然是他自己。即便明明知道《庄子》如此难懂，并不妨碍历代无数人读得津津有味。绝大多数经典文本，都是常读常新，推陈出新。就是因为读不懂，才要不断地读。经学家、史学家、红学家……都不敢说自己已经读懂了《红楼梦》，读懂与否是相对的，也是因人而异的，没有统一的标准，阅读始终是进行时，不可能有完成时，读经典更是如此。可见，懂否不是问题，问题在读的是否经典。

读经典，孩子有孩子的理解，青年、中年、老年也各有各的理解，能理解多少是多少。即便孩子一点不理解，记诵下来，做点摘录、评点也是好的，那是一辈子精神生命的滋养、滋润。对人的成长来说，有没有这份受用大不一样。在记忆力最好的童年时代不读经典，长大想读没机会了，读也记不住。

读经典，除了认为孩子读不懂外，阻力还在于认为经典菁芜并存、良莠不齐，会把孩子读坏了。排斥读经典，与将经典等同于“国学”或“蒙学”有关。其实，经典不限于此，包括古今中外所有优秀的文章。排斥读经典，也与以为只要是经典可以不加选择地统统让孩子读有关。

确实，经典文本势必包含着某些糟粕或不合时宜的东西，但世间不存在完美无瑕的书。好与不好是相对的，应该承认，流传至今的经典，业已经受一代代人的淘汰，是认可度、共识度较高的。读书之蔽主要有二：一是读得太少、太窄，缺乏参照系，无以通过比较进行鉴别；二是缺乏独立思考与思辨能力，未能质疑、批判、扬弃。如果能扩大视野，参照比较着读，能质疑问难，去芜存菁，便能较好地克服读书之蔽。在孩子尚缺乏这两条时，该读哪些经典的确颇费思量，需慎重抉择。

可喜的是，2017 年开始使用的部编语文教材大幅增加古诗文分量，小学、初中阶段各有 124 篇，分别占全部选篇的 30% 与 51%，其他教材也有不同程度的增幅，有的还超过部编教材，这是一个认知上的长足进步。我以为经典阅读还有提升空间，主要是古代经典，也包括国外经典。中国古代诗文可达到 70% 左右，高中也一样。中小学生在阅读内容难易度上可作一些区分，阅读量则与年龄没什么太大关系。还要进一步拓展到课外经典阅读。

中小学语文课最重要的使命就是引领孩子读经典：

不读国学枉少年，绘事后素诗为先。礼乐熏陶乃成人，经典奠基堪立言。

从“读整本书”到“专题研究”

清华附小薛晨老师《我来设计鲁迅博物馆——儿童眼中的鲁迅》的课，是一个不错的教学设计，为学生的经典专题研读提供了一个参与性平台。

我喜欢这个自己开发的课“题”。表面上看，似乎是一个“综合性实践活动”，实际上是引导学生阅读、研究鲁迅的课，是对“专题研究”的引领。这个课中隐含着无数的小选题，每个孩子都可以从自己读鲁迅中发现感兴趣的问题，都可以通过研究，通过策划、设计一个自己的“鲁迅博物馆”，将自己的研究心得、成果呈现出来。

王玲湘老师导读《朝花夕拾》，以鲁迅的“吃”导入教学，李怀源老师《鲁迅笔下的儿童》，王峰老师《别人眼中的鲁迅》（鲁迅的“笑”）等，都属于“专题研究”——从一般性的“读整本书”、读经典，上升到目的明确的“专题阅读”“专题研究”——为研究报告、论文写作打基础，是一个质的提升。

“读整本书”与“专题阅读”不同在于：“读整本书”可能是无目的漫游，为读而读，花了很多时间，泛泛读去，如过眼云烟，收效甚微。现在许多学校都很重视“读整本书”，大多读的是儿童文学、绘本，或一些时尚文字，目的不明，片面追求读书量，一天一本，效果堪忧。“专题阅读”有特定选题，目的是“研究”，所以也叫“专题研究”。“专题研究”是要出成果的，成果体现为读书报告、研究报告、论文等。这便是指向言语表现、指向“立言”。有没有明确的研究目的，最后是否将自己的思考呈现出来，阅读效能是大不一样的。在读书时，选择感兴趣的问题，围绕着问题，作有针对性、有重点的阅读与研究，目的明确、集中，读书效率就高。

“读整本书”不是目的，是手段。千万不能将手段当作目的。由特定的研究目的决定读什么，怎么读。这样的阅读就不再局限于“读整本书”。

在特定目的——选题下，可能不是“读整本书”——一本书，而是读一类书、一批书；或是读这些书中与论题相关的部分，忽略与论题无关的部分。作为专题研究，有时不必“读整本书”，不必面面俱到、巨细不遗地读，可以根据需要，作选择性阅读。

朱光潜先生说：“读书必须有一个中心去维持兴趣，或是科目，或是问题。以科目为中心时，就要精选那一科的要籍，一部一部地从头到尾读，以求对于该科得到一个概括的了解，作进一步高深研究的准备。读文学作品以作家为中心，读史学作品以时代为中心，也属于这一类。以问题为中心时，心中先须有一个待研究的问题，然后采关于这问题的书籍去读，用意在搜集材料和诸家对于这问题的意见，以供自己权衡去取，推求结论。重要的书仍须全看，其余的这里看一章，那里看一节，得到所要搜集的材料就可以丢手。这是一般做研究工作者所常用的方法，对于初学不相宜。不过初学者以科目为中心时，仍可约略采取以问题为中心的微意。一书作几遍看，每一遍只着重某一方面。”① “……大凡零星片段的知识，不但易忘，而且无用。每次所得的新知识必须与旧有的知识联络贯串，这就是说，必须围绕一个中心归聚到一个系统里去，才会生根，才会

① 朱光潜：《谈读书》，《艺文杂谈》，合肥：安徽人民出版社 1981 年版，第 49 页。

开花结果。”[①] 他所说的“中心”，可以视为目的。目的有两类，一类是作一般性的了解，为“进一步高深研究”做准备；一类是直接与研究选题有关的阅读。前者是面上的了解，后者是点上的深入。要知道为什么读，围绕特定目的，运用不同的读法，才有成效。

读鲁迅，读其他的作品、著作也是这样，可分两步走。先尽可能“泛览”，再选择性“精读”：你对某领域有兴趣，通过泛览作较全面的了解，这需要系统阅读，需要“读整本书”。在把握总体的情况下，寻求自己感兴趣的研究问题，一旦确定了选题，就进入到选择性“精读”阶段，不一定“读整本书”了。可见“读书”——“读整本书”不是目的，研究某一课题、选题，才是目的。读什么书，是读整本、半本还是一部分，是由目的决定的。不以研究为目的“读整本书”，大多是瞎读、白读，没什么实际效能。不能“为读书而读书”。

朱先生认为“初学者”可将“科目为中心”与“问题为中心”相结合，“一书作几遍看，每一遍只着重某一方面”，是很适合中小学生阅读与研究的。“举看小说为例，第一次但求故事结构，第二次但求注意人物描写，第三次但求人物与故事的穿插，以至于对话、辞藻、社会背景、人生态度等等都可如此逐次研求。”——这里每次看的内容，就是一个选题下的研究。并非每本书都要涉猎所有方面，可以只选其中一个感兴趣的方面作深入的研究。推广开来，学生就知道如何从“面”到“点”地选题、搜集资料、进行研究。这样的研读方法，应成为课内外阅读的常规。

我赞赏《我来设计鲁迅博物馆》这一课，在于它对教法有所启示。设计“鲁迅博物馆”，是对整个阅读、研究鲁迅的拉动：既要

① 朱光潜：《谈读书》，《艺文杂谈》，合肥：安徽人民出版社 1981 年版，第 50 页。

对鲁迅有较为全面、整体的了解，又要深入到具体“展出”的专题研究，这就是达成朱光潜先生说的“科目为中心”与“问题为中心”相结合。这类似于“任务驱动”的研读活动。学会这一研读方法，养成带着选题读书、查阅资料的习惯，阅读就进入到“专题研究”新境界。

我常在概念上较劲。我不喜欢目前从西方趸来的风行语文界的“任务驱动写作”，“任务驱动”这个概念本身即意味着被动性：任务一般是外部下达的，多是上级对下级的安排、指派，因而有很多硬指标，带有强制规范性。尽管在教学中难免为了“规范”学生的学习目的、行为而进行写作目标、要求的设置，但是，真正的写作（研究）目标、行为应是自发性的；不是一种外在“任务”驱动下的被写作，而是一种自觉的言语表现与创造。研究活动更需要自主性，写作目标、行为应该是自行确定的。与其说是“任务驱动”，不如说是“目的驱动”，“目的”是中性的，更能体现主动性、动机性。有了自己感兴趣的研究目的，自然就会有实现目的的具体目标、要求、行为等。

带着专题、选题目的的经典研读，目标清晰，是为了认知事物、生产思想、传达见解而读、写、听、说，所以才有所创获，其成果势必体现在研究报告或论文中。这样的教学就是为培养思想者、“立言者”奠基的，从小学便应大力倡导。

适时告别绘本与《风筝》主题辩

清华附小焦玫老师上绘本《风筝》，教师很有教学经验，感觉很细腻，循循善诱，能启发学生分析画面细节、理解文本；教的是五年级学生，学生参与积极性很高，能发表一些自己的见解。按照一般的眼光来评价，这是一堂是不错的课。但我以为五年级学生还在读绘本实不相宜。即便读经典，也不宜读经典的绘本。

绘本进入小学课堂已经多年，大有风靡之势——绘本阅读泛滥的状况应该终结。绘本阅读固然有助于吸引学生眼球，提高他们的学习兴趣，但是，对语文——语言文字学习的干扰作用是不言而喻的。绘本，是插图本教材的延伸。当初以为可以提高小学生阅读兴趣，辅助理解文本，帮助其理解教材内容，如今则插图喧宾夺主，绘本登堂入室，俨然成为语文教学的主要内容；经典、文字阅读反而退居二线，成为画面的附庸，文本被删节改编得面目全非，绘本关注点主要是“图”而不是“文”，学生连完整的“文”是什么样的都不知道，语文教学效果势必大打折扣。例如，有同学问一个很好的问题，为什么《风筝》中的“我”是请求弟弟“宽恕”，而不是“原谅”，但教师心不在焉，对此没有任何回应。她的注意力全都放在“读图”上了。

“图”，是画家对文本的诠释，“读图”是读画家对文本的二度创造之意，是读画家个人对文本的理解，未必是文本、作者之意，文字只要被删节、改变了，原作意思一定被改变了，读图是不能取代学生从文本中见仁见智的。画家所画的，必定是对原作的个人解读，可能导致错读、误解。画家个人对文本的误读是他的自由，但是，将他误读之意等同原作之意，强加于学生，这就不妥了。学生面对文本，本来可以展开自由联想与想象，一旦读了“图”，便先入为主，被画家之意束缚住，不知不觉被误导了。就跟鲁迅、胡适先生等认为读选本会缩小读者眼界一样。

语文学科的任务是学习语言文字，不是学习绘画。小学低年级作为一种从具象到抽象理解的过渡，适当读点绘本未尝不可，但以尽快“断奶”为佳,尽快回到学习语言文字正道上来。这有点与“写话”类似，误以为话怎么说就怎么写，“写”与“说”是一回事，或以为“写话”是从“说”到“写”的过渡，其实“话”与“文”是不一样的，并非话怎么说文章就怎么写。“写话”是双刃剑，“写话”会对“写文”——写作，形成干扰。语文教学从一开始就要让学生形成正确的写作观,让他们知道“说话”与“写文章”的差别，这是两种表达形态。要是学生接受了“写作就是写话”的误导，就帮倒忙了，会影响到日后文体感、书面语言感的形成。

由此联想到今天语文教学“与时俱进”——与网络读写对接。以微博、微信、QQ 等社交平台读写的形式，作为语文学习辅助性手段，未尝不可，但不能夸大其作用，决不能取代系统的经典阅读，不能代替真正意义上的文章读、写，代替以论辩性读、写为主的语文教学内容。因为靠这些杂乱无章的读、写活动，三言两语、信笔涂鸦式的片段写作，不能培养出深厚的语文素养与真正的言语能力，根本无法达成成就“立言者”的目标。

《风筝》主题颇多争议，莫衷一是，尽管如此，这依然是值得讨论的，应该作为教学的重点内容，不能光顾读图忘了读文，否则，便白读了。毫无疑问，这是一篇十分深刻、深奥的文章，学生未必读得懂其深意，但可以见仁见智、各抒己见。其主题绝不只是作者的忏悔，对童心的理解，反对压抑童心，或如文中明白告知的“精神的虐杀”或“玩具是儿童的天使”……如果表达这样的主题，那就小瞧了鲁迅。

我以为这篇《野草》中的文章——说是散文诗，有点类似于小说，与欧·亨利小说不无相似，其最精彩处在结尾，在结尾处情节意外“逆转”。“我”满心希望弟弟宽恕：“等他说，‘我可是毫不怪你啊。’……‘我可是毫不怪你啊。’我想，他要说了，我即刻便受了宽恕，我的心从此也宽松了吧。”不料，等到的却是：“‘有过这样的事吗？’他惊异地笑着说，就像旁听着别人的故事一样。他什么也不记得了。”“全然忘却，毫无怨恨，又有什么宽恕之可言呢？无怨地恕，说谎罢了。我还能希求什么呢？我的心只得沉重着。”

这个结尾是最精彩的，熠熠生辉。散文诗含蓄、深邃的诗意皆由于此。

请求他人“宽恕”，一般只有两种可能：宽恕或不宽恕。但是，鲁迅给出了第三种出乎意料的回答，弟弟居然说：“有过这样的事吗？”文章因而焕发异彩。更让人惊异的是，既然弟弟“全然忘却”了此事，也就无所谓宽恕不宽恕，“我”应该可以放下了，可是不：“我还能希求什么呢？我的心只得沉重着。”“我”的期待落空，弟弟忘却了此事，不等于此事没有发生过，所以“我”并没能放下；这事明明是有的，“我”不能欺骗自己，所以“我”只能永远背负着沉重的歉疚。

我以为最妙的是作者没有说出来，然而细心的读者可以想到：也许弟弟在说谎，他其实并没有忘却，不可能忘却。一般而言，10岁孩子的兴趣、自尊被残暴地践踏是不会忘却的，这个心灵重创是刻骨铭心的。——这需要读者去猜弟弟为什么要说谎。这就是文本意蕴的张力。

弟弟说“有过这样的事吗？”不记得发生过这样的事大约有两种可能：其一是弟弟故意表明这是无关痛痒、不值一提的小事，从没放在心上过，所以早忘了，不必念念不忘，以此安慰“我”，让“我”释然。其二是弟弟已长大成人，成为人父，也压抑、伤害过孩子，觉得对孩子玩物丧志之事进行谴责、打压，是理所当然的，他理解哥哥当时的行为；每一代人在成人之后，在为人父母后，往往都有意无意做过这类践踏孩子心灵之事，以为是教育孩子的责任所在。这两种情况都是故意说谎，但前者的动机是为“我”着想、排遣，出发点是好的；后者是站在成人立场，既理解“我”，也为自己解套，好了伤疤忘了疼。

也许还有第三种可能，弟弟明知道“我”放不下这事，故意不说“宽恕”或“不宽恕”，要让“我”将这个精神十字架背一辈子，他知道这种惩罚更可怕，如果这样就太阴险了。以良善之心度人，但愿不是这样，弟弟不会这么坏。因此，第一种、第二种可能性更大些，但不论出于何种动机，结果都一样，都无法使“我”得以解脱。

如果要猜什么是本文的主题，比较有普遍意义的大约不是许多人以为的那句话：“游戏是儿童最正当的行为，玩具是儿童的天使。”批评对儿童的精神虐杀。而是：历代成人往往是儿童、童心的压迫者，不自觉地从被虐到虐人——为现在、未来的成人敲响警钟；或是：有些错误一旦犯了，便无可救赎、无法解脱。这些主题是深刻、深邃、发人深省的。

学生还小，自然不会想到这些，但可以引导学生去想弟弟是否确实忘记了这件事，如果不是，他为什么要说谎。你有过需要别人宽恕的事吗？如果有，你想要怎样获得别人宽恕？要是别人不宽恕，你会怎样？如果没有，假设自己是文中的弟弟会宽恕哥哥吗？会怎样回答哥哥的请求？

阅读就是为了将学生带入到作者写作运思情境中去，激荡他们的心灵，唤起相关的感觉、情绪、情感记忆，联想与想象，使之有感而发、有情可抒、一吐为快。

文体感与场面描写

《端午日》节选自沈从文先生小说《边城》。

执教的是北京师范大学附属玉泉学校胡月伟老师，一位年轻、优秀的教师。她有一定的“表现本位”课程意识，教学目标明确、集中：学习场面描写（通过本课的学习和老师的点拨，学生能够学习场面描写的方法，并且运用所学进行练笔，从而加深对场面描写的理解，掌握场面描写的方法，争取能够在以后的大作文中有意识地运用）。场面描写属于写作创造力素养之一。以为“表现本位”就是专门教写作技法不可取，择其重要、基本的技法教给学生，是可取的。该教哪些写作技法，教材编写者应做统筹安排，切勿将语文课上成写作技法训练课。多数写作技法没必要在课堂上教，只要学生愿意学，经过多读多写，是可以自悟得之的。

胡老师的“场面描写”教学过程大约分三步：

第一，给予学生“场面描写”的“支架”——具体写作要求和写作方法。先告诉学生何谓“场面描写”，进而引导学生分析文本中如何进行正面、侧面描写，渲染气氛，人物动作、外貌描写，借助一定的联想、想象，区别主次、详略，点面结合等，使学生对场面描写的方法有了具体、理性的认识。这很重要，因为学生要运用这些方法。

第二，要求学生写出：“从这段文字描写中，我感受到________

气氛。”这是对场面描写的目的进行概括，并要求学生在课文中找到依据。这做得很好，显然是想让学生知道场面描写的目的是什么，懂得如何有的放矢地进行场面描写。描写先要有一个意图（中心、主题），要围绕着这个意图写。否则，就可能写散了、乱了。

第三，要求学生写一个上周刚开过的运动会场面。提供一张现场照片，照片中熟悉的同学的身影，引起大家对当时情景的回忆；这个练笔设计来自于鲜活的生活，能激发学生写作欲，使之有熟悉的场面可写，不畏惧写。

胡老师这三个步骤总体上设计得不错，步步推进、学以致用，值得称道。

但需要指出的是，《端午日》这篇课文虽然节选自小说，却不是小说情节中典型的场面描写，这个部分是“说明”，可当作说明文来读。它只是介绍茶峒的端午日赛龙舟是怎样的，并非描写某一次端午节赛龙舟发生了什么事。

小说或其他叙事类作品中典型的场面描写，是围绕着作品中特定的人物活动展开的，是为了刻画人物的性格、心理、关系等，为了推动情节的发展而写。在其他实用类叙事文体中，为了阐明主题而写事件的经过，事件需要有一些重要的场面来支撑，场面中人物、时间、环境等，也是特定的、具体的。不像《端午日》中那样，介绍的是一般的赛龙舟情景，没说是哪一年赛龙舟，出场的主要人物是张三、李四……他们如何竞争，胜负如何，参赛对手——主要人物是什么关系，他们的言行举止表现了什么性格特点，该场面对情节发展有什么作用，或反映出文章叙事主题哪一方面的特点等。

我以为，一般来说，叙事文体的场面描写是写人为主，以写人（性格、情感、关系等）为中心；说明性的场面描写是写事为主，以写事为中心。

不明白这些，就造成了所读与所写的错位。读的《端午日》场面描写，实质上是说明，重在写茶峒赛龙舟是怎样的，没有特定时间点与具体人物关系；要求学生写的运动会赛跑，重在写在本届校运会上某班某同学如何奋勇争先，同学们如何互相鼓气，比赛结果如何，是有特定时间点与特定人物关系的。二者间存在迁移障碍。如果按照《端午日》来写，那只能写《校运会》，介绍每年一度的校运会是如何举办的，而不是写某一届校运会办得怎样，或其中某一场比赛是怎样的。

问题出在“文体感”——文体定位上。教师忽略了小说这一叙事文体中存在“说明”部分，类似于说明文。单独抽取出来的《端午日》这个片段，就是一篇介绍茶峒端午节赛龙舟民俗的。这个场面描写是说明的手段。没能区分以说明与以叙事为目的的场面描写有什么不同，文体定位出现偏差，便读错了，也可能因此导致写错了，所读与所写错位。可见文体感之重要。文体在规范着写什么与怎么写。在本课教学中，场面描写目的是“说明”，这节选自小说的片段，可以视为说明文，是要告诉学生的，让他们知道小说中的场面描写有时不是为了刻画人物，这有助于培养文体感。

教师在教学前先明确文体及其特点很重要，如果文体弄错了便可能教错了。同样，培养学生的文体感也至关重要，否则他们也会写错了。正因此，我将培养体式感，作为言语素养的第三素养。

在“表现本位”立场上学习说明性文体，是在“求知”基础上学会如何“告知”。学会如何“告知”是目的。学习“告知”的关键也在于“转换”：了解、思考并掌握文本中的“告知”方法、过程，可以从学生个人的角度讨论文本“告知”内容、方法上的优劣，是否有自己还想知道的，文本并没有“告知”，或“告”而未“知”，是否还有更好的材料取舍、详略安排方式，如果自己作为作者想“告知”什么，会怎么写……当然也可以说说自己所看到的划龙舟场面与茶峒有什么不同，或“告知”的不是“划龙舟”，而是包粽子、吃粽子的风俗，也可以拓展开来，写其他节日仪式、喜庆场面等。

在言语表现上进行转换、迁移，可做的文章很多，这是教师应多思考的地方。

学生“辩”起来了

2016年3月30日，我在清华大学附小做讲座，跟老师们讲到“辩论活动”是语文教学的优质平台，对培育语文全面素养有极大的容纳空间，尤其是对提高批判力、思辨力等有重要作用。没想到，在4月8日杭州“千课万人”教学观摩会上，该校王玲湘老师上的课，就让学生“辩”起来了。

这节名为《关注：就是改变》的课，以“辩论”为平台，轻而易举地将诸多教学内容尽收囊中，较好地体现了语文课程的综合性、实践性特点。

在现场，我用“三个关注”评她的课。

首先是关注辩论活动。王老师从北京雾霾现状，引出“GDP与环境”辩题，让学生辩论“是否同意关闭河北重工业污染企业”。该课提供了一个新的教学样态：以辩论统合听、说、读、写能力培养，形成良性互渗、互动的语文教学生态。辩论活动，是“表现—存在论”语文教学实践三大常规课型之一，对激发学生言语动机，培养驳论、证伪意识，思辨、说理能力等，极有助益。从现实生活与读写实践中选题，组织辩论活动，将成为今后语文教学的一个重要内容。辩论活动的课程意义与教法功能不容忽视。

其次是关注现实选题。王老师确定的“雾霾”话题和相关辩题，与民众生活质量直接关联，实用价值高，学生感兴趣，这就为顺畅进入探究性解决问题铺平了道路。王老师注重培养学生选题的能力，引导学生从现实生活中选题，如在杭州召开的“G20”峰会、校园欺凌、食物安全、玩具安全……选题是进入研究的第一道门槛，培养选题的能力至关重要。语文教学基于应试目的，注重的是“审题”；言语素养教育，尤须注重“选题”。

第三是关注非生活资源。辩论要用证据说话，王老师引导学生学习从非连续性文本中提取、筛选信息，探究、分析雾霾成因，进而为自己辩论中的观点寻求论据支持。这资源主要不是从生活中获取，而是从文字材料——非连续性文本中获取。以往写作来源于生活的观念将改变，重心转移到学习如何从文本、网络等媒体搜集相关资讯，这带来了集材来源、思维方式和表现形式等一系列的转变。

由于引进了“辩论活动”教学平台，从而实现了学习观念的重大变革：以课题研究带动、促进学习。在解决问题的任务驱动下读书、求知，其功效自然远胜于以往“为读而读”的、不知何所为的瞎读。

“辩论活动”这个平台很宽阔、很精彩，语文老师都来露一手吧。

着一“闲”字而境界全出

在鞍山一中听了三位老师教陶渊明的《归去来兮辞》，或是先让学生通过预习课文提出问题，引导他们知人论世，理解作者何许人，如何在“仕”与“隐”的矛盾中选择了“隐”，表明作者不是表现现实的田园生活，而是表现想象中的田园生活等；或是布置学生读课文，并提供大量的相关资料让学生自读，然后检验学生是否读了，以及对作品、资料的理解状况如何。

所谓的“先学后教”，已然成为他们共同的教学套路。读懂、理解文本也是共同的教学目的。——指向“表现与存在”，则是他们尚未明晰的教育理念。

在“表现—存在论”下，要是我教这课，将在哪里聚焦？

《归去来兮辞》最吸引我的是序中的“质性自然，非矫厉所得。饥冻虽切，违己交病。尝从人事，皆口腹自役。于是怅然慷慨，深愧平生之志”与“正文”中的“既自以心为形役，奚惆怅而独悲？”“寓形宇内复几时？曷不委心任去留？”——我将聚焦在“形”与“心”的矛盾上。

我以为，作者“仕”与“隐”的矛盾是外在、表面的，于此聚焦是有益的，但不是最重要的；“饥冻虽切，违己交病”，心灵痛苦更甚于肌体痛苦，肉体与精神——“形”与“心”的矛盾才是其内在、本质，是更重要的。作者是因不再“以心为形役”“口腹自役”，可以“委心任去留”,即精神(质性自然,平生之志)需求战胜了肌体(物质)的需求，才写作该文以自娱。这是对心灵自由的讴歌。

进而我要告诉学生，陶渊明之所以能成为伟大的诗人，是如其所言:“勤靡余劳，心有常闲。”(《自祭文》)“形迹凭化往，灵府长独闲。”(《戊申岁六月中遇火》)他终日不遗余力地劳作，内心是清闲、逍遥的;房屋被火烧，住在风雨飘摇的小船上，内心仍是悠闲、自在的。人忙心忙，是物质人、金钱人;人忙心闲，才是审美人、创造人。心闲，才能发现世界万物的情趣与美好。人活着不可能不忙;但要让心“闲”着——逍遥、自在着。

心为形役，心为物宰，则死;形为心役，物为心宰，则诗。

读过王国维《人间词话》的人想必不会忘记:“着一‘闹’字而境界全出”“着一‘绿’字而境界全出”。以境界论词，以某一字论词、论词人之境界，确实精警、深刻、独到。将其移用于陶渊明，是否可以说:着一“闲”字而境界全出?

这便是指向“表现与存在”的阅读教育,言语、诗意人生的教育。

课程意识与想象逻辑

长期以来，语文课被切割成阅读、写作、口语交际三大块，各自为战，是缺乏课程意识的表现。以阅读主题编排，阅读本位、以读带写的教材体例，更是以手段为目的的教学目标错置。

习惯上常常将语文课视为阅读课，教材是一篇篇选文——教学就是教课文，不就是教阅读？其实不然。在“表现本位”课程观下，我不认为教课文就是教阅读、教课文，其实是为了教“言语表现”、教写作。我不赞成将语文课切割成阅读、写作、口语交际与综合性实践活动等课型，语文课不是教阅读或教写作，所有课都是教语文：培养言语素养。要有语文课程意识，要知道为什么教语文。明白这一点，怎么教都是语文课；不明白这一点，怎么教都不是语文课，一不小心就上成了政治课、历史课、思想品德课、科学知识课……

为什么要教语文？在“表现本位”视角下，语文课程目标应是成就“立言者”；重在培育写作素养、言语表现素养。如此，语文课基本目的就是教写作、教言语表现。是为了教写作而教阅读。语文课要听、说、读、写打成一片，联络互动，教学重心落在言语表现——写作上，这就是“表现本位”课程意识。

首都师范大学附小的郭丽萍老师教《生死攸关的烛光》（人教版《语文》第九册），让学生自学课文，做两件事：练习画情节曲线图与依据课文内容编成5分钟课本剧，课后排演课本剧。上课时，她请学生最先完成的就是这两件事，以检验预习情况，作为教学“导入”部分。虽然上的是传统阅读课，但是，这两件事是可以体现“表现本位”课程意识的：将听、说、读、写打通，并落在言语表现上。不论是画情节曲线图还是改编课本剧，都不是单纯的读、写、说，而是这几者的融合为一。

不少教师会说，小说改编课本剧，在以往教学中并不罕见。确实如此，但是，在“表现本位”下，它的意义、要求将有所不同。以往改编课本剧往往是作为一项帮助理解文本的、附带的读写结合练习，或是作为课外的综合性实践活动，但是，在“表现本位”下，改编、演出课本剧，立足于言语再创造，可作为主要教学目标、内容，这就是“指向言语表现”。

用改编、表演课本剧将听、说、读、写活动连成一气、融为一体。改编这一写作活动是其中重头戏。重心在“改”上，就是要求学生发挥想象力，进行二度创造。是为了要改编，要培养言语创造力，而借助某一篇文本，进行细读、分析、评判。这就摆正了读、写关系：读是手段，写是目的。不像“阅读本位”下，目的就是理解文本：改编（写作）是手段，读懂（阅读）是目的。

以培养言语素养、写作能力为目标，改编课本剧就不是停留于将文本简单复现，将小说变成剧本，换一种表现体式，而是从内容到形式的再创造，培育言语想象力。

我赞赏郭老师在阅读文本上将教学重心放在想象力培养上，要求学生思考作家创作时为什么忽略了心理活动描写，请学生补充人物的心理活动，借助《穷人》《草房子》思考表现人物心理活动的作用，鼓励学生不唯教材，勇于表明自己的思考和想法——这可以看出郭老师在向“表现本位”转向上做出的努力，她要求学生补足教材没有的人物心理活动，这就是学生的再创造，需要运用想象力。她对培养想象力的重视，值得肯定。想象力是言语创造力的核心能力。

我以为，如果郭老师将课本剧改编作为教学基本内容，将学习心理描写放在课本剧改编、表演的整体中，将人物心理活动的表现，作为剧中的“旁白”，一个教学重点——不但补充人物心理活动，而且允许学生可以适当改变小说的情节与细节，使之更加合理，可能对培养想象力更有助益。

以往“阅读本位”下的教学，其思维定式是读懂、吸收，因此要求学生“复述”“复现”文本，这意义不大。在“写作本位”下的教学，应更为关注“改编”“篡改”以至“颠覆”原作。这要求学生有自己的想法与创造，要对文本提出问题，对其不合理、不完善之处进行质疑、商榷、批评，表明自己修改、完善原作的理由。——最终是否能达成“提高”“完善”原作的目标不重要，重要的是要有否定、超越原作的愿望与追求，敢于提出自己的创意，要为此付出努力。

这篇小说并非经典作品，在构思上有许多不合理之处，可以引导学生对其提出质疑。中小学教材中有一些“问题”文章，即便是优秀之作、经典作品，也可以让学生代入作者的写作情境去感受、体验、质疑，进入文本语境，与作者同步运思，置换出自己独特的情思与自以为更好的表现内容、方式。教师可引导他们谈对作品的感觉、反应，提出疑问，进行证伪，相互交流讨论，阐明修改意见。

《生死攸关的烛光》小说背景是第二次世界大战期间，法国妇女伯瑙德夫人与她的儿女——十二岁的雅克、十岁的杰奎琳参加了将德国强盗赶出祖国的斗争，从事秘密情报工作。在一次为收藏、保卫一份绝密情报中，他们巧妙地将情报藏在烛台上的半截蜡烛中，母子三人想尽种种办法与闯进他们家的三个德国军官周旋，终于化险为夷。

小说不合理之处主要有三处：

首先，收藏绝密情报这么重要而危险的工作，一般不应让孩子知道，十二岁、十岁的孩子万一守不住秘密怎么办？母亲冒着泄密的风险，将巨大压力给予稚嫩的孩子，这是违背人之常情的，也是不负责任的。

其次，当德国军官因为要看一张重要文件点燃了他们藏情报的烛台，母子三人想了三种方法要把这个蜡烛熄灭：伯瑙德夫人拿了一盏油灯来换，要吹灭蜡烛，没有成功。雅克假借天冷，要去柴房搬柴取暖，想拿走油灯照明，也没有成功。最后是杰奎琳对德军少校说："天晚了，楼上黑，我可以拿一盏灯上楼睡觉吗？"少校想起自己也有一个与杰奎琳年龄相仿的女儿路易莎，心生怜爱，就答应了她的请求。——这不是此地无银三百两？母子三次纠结于这盏灯，不是要吹灭，就是要拿走，除非是傻瓜才不会起疑心。三个德国军官中没有一个比较聪明点的吗？这情节之不合理与今天的"抗日神剧"颇为相似。

第三，少校正在阅读一张揉皱的纸，想必是一份重要文件，会顾得上满足杰奎琳的请求，而且还要与她聊天："……来，我给你讲讲我的路易莎好吗？"——到底是军务重要还是闲聊重要？就算这位少校因想起女儿而心生对杰奎琳的爱怜，情不自禁地表现出"温柔"的人性；要是他没有这样年纪的女儿，会让杰奎琳将烛台拿去吗？可见，杰奎琳成功拿走蜡烛是偶然，而不是必然，是因为恰好触碰到少校心中最柔软的部分。雅克就没有这么幸运，想到户外柴房搬柴都不让他将烛台拿走："中尉快步赶上前，厉声喝道：'你不用灯就不行吗？'"

可见这是主题先行、瞎编乱造的“抗德神剧”。

要让学生给小说挑毛病，要告诉学生虚构、想象要合理，让他们思考什么是不合理，怎样才更合理，使之明白，想象要求的是“意料之外，情理之中”——在常规思维之外，而又合情合理，这就是想象逻辑。这就为学生改编课本剧（包括一切的言语活动），进行合理想象，提供了支点，铺平了道路。

叙事素养的培育，叙事性的小说、散文教学，改编课本剧是一个不错的选择，对于培养言语想象力、创造力颇有助益。可以让所有孩子都来改编，公平竞争，选其中编得最巧妙的，在班上演出、评议、修改、再演出……听、说、读、写一体化，相辅相成、联络共进，各种语文能力同时都得到锻炼、发展，这才是经济高效的、生动活泼的语文实践活动，也必定为学生所喜欢，提高他们的学习兴致。

论辩性文本教学也一样，不是止于理解作者的论点，或学点论证方法，而是要试图证伪、反驳其论点，为此要搜集资料，相互诘难、对驳，力求使认知深化、推进。可以借助讨论、辩论活动的形态，将读、写、听、说融为一体，最终呈现为自己对该论题的深入阐述。

教师树立“指向言语表现”的课程观，教学才有方向感与聚焦点。

二年级，给阅读“断乳”？

学生是阅读主体，这大约没人反对。“主体”要有“主体性”，这不是说有就有的，要通过教学实践培养，要有“主体意识”，才能称其为名副其实的“主体”。

今天的语文教师都知道阅读有三种取向：作者本位、文本本位、读者本位，大多各取所需。其实，三者缺一不可，各有优长，形成互补，对于培养阅读“主体性”都不应被忽略。

在培养“主体性”、指向“表现与存在”的视角下，这三种取向各有其择取目标。例如，“作者本位”，最应关切作者写作动机、写作素养，培育学生言语生命意识；“文本本位”，最应关切言语意蕴、文体特征，培育知情意素养、文体感等。

那“读者本位”呢？要使学生成为阅读的主人，便要让他们说出自己的阅读回应——“阅读，以‘我’为准”。

在课堂上，李老师这样告诉二年级的孩子：“不管故事有多精彩，不管故事写的是谁的经验，我自己的看法是什么最重要。所以从头到尾都是‘我’‘我’‘我’！阅读是你自己的事，李老师没有办法帮你读书噢。”她给他们阅读“断乳”，有意将其逼上“绝境”——无依无靠，“置之死地而后生”；不依不靠，才能找到主体的感觉。

阅读“断乳”不会一蹴而就，她给学生以必要的“支架”，扶助他们把“我”支撑起来。在与文本互动中，她先让学生借助这些“支架”去体会什么是“阅读，以‘我’为准”，在他们经历一番思考、体验之后，屏幕出示“支架”，以强化印象，巩固所学：

阅读表面安安静静，其实很忙很忙。

脑：永远比画图、文字走得远。

心：脑走到哪儿，心跟到哪儿。

想：自己的经验。

问：自己的看法。

脑、心、想、问，这是她阅读“断乳”的“四字诀”。脑，指的是思维、想象，将图、文变成画面，并发散和超越图、文。心，指的是感觉、情感——使感与思相随、相融，去感受、内视这些画面。想，由图、文联系自己的经验，加以比较，展开个人相似经验的联想、回忆、体验。问，从个人经验与图、文的比较中，得出自己的想法、看法，做出独立的思考、判断。

阅读教学，教师主要工作不是“哺乳”，而是“断乳”。如此，学生才能慢慢找到“我”，说、写出“我”读到了什么，最终成为名正言顺的阅读“主体”——这比什么都重要。

有“我”的阅读教学，便指向“表现与存在”，不妨一试？

写作课怎样安“支架”?

写作教材空泛，要靠自己设计教学内容，即设置“支架”，将抽象的教学目标撑起来，使之具体、翔实，有可教性，让学生得以踩着石头、扶着栏杆轻松过河，这不是每个教师都能做到的。

在“名思教研”举办的深圳“小学语文高峰论坛”上，听了何捷老师一堂课，颇为精彩，急切想与大家分享其“支架”之妙。

何捷老师教的是人教版四年级下册第二单元习作：说出心里话。

支架一：想一想什么是心里话。① 最真实的话。② 想说但是不好说的话。③ 藏在心底的话。④ 小秘密。——“心里话”内涵：只要心里想说的话都可以写。如将其限制为写“童年趣事”，学生就踩偏掉河里去了。

支架二：说一个有趣的绘本故事《妈妈你好吗?》。故事讲述的是一个四年级的小学生，在母亲节写信和妈妈说心里话。——目的是激发学生说、写的兴趣。通过绘本故事与教师的讲述，将对下面学生的写、说活动产生示范作用。

支架三：心里话，对谁说?将学生的讨论进行板书：可以对自己说，也可以对爸爸、妈妈、老师、同伴、宠物、布娃娃、僵尸、动画人物等说。述说的对象不同，说的话也就不一样。——培养读者意识，写作目中有人。

支架四：心里话，怎么说（写）?要真实、大胆地说。举例并归纳其表达方式：先说出心里话，之后具体解释为什么要说这句话，可以举例子来说。还可以和对方提一些自己的希望、想法。——启发学生，使之有法可依，能言之成篇。

支架五：心里话，写出来。要求：① 给最要好的小伙伴写一段心里话。② 写好后传“小纸条”给小伙伴。③ 小伙伴看后回复一句心里话。——学生从交流互动中感受说心里话的效用，增强写作内生动力。

支架六：心里话，说出来。要求：语气诚恳；眼神恳切；肢体语言帮忙。——写、说联络，相互促进。

支架七：心里话，写成什么样？书信、日记、小纸条、短信息、微博、小诗歌等。——从有法到无法：自由写作。给予学生文体选择权，有利于张扬写作个性。

支架八：课后练写。要求“心里话写精彩”：① 设定一个诉说对象，说一段心里话；也可以设定不同对象，各写一段后串联成一篇。② 心里怎么想就怎么写，写后可以给对方看，也可以说给对方听。③ 可以给自己写一段心里话，珍藏起来，有空时看一看。——进一步强化教学效果。

八个支架，步步为营，稳扎稳打。

你会吗？敢跟何捷老师过招吗？

这堂课的课例，在何捷老师所著的《绘本的魔力：让儿童爱上写作》一书中有呈现。感兴趣的老师可以去读一读。

写书：童年的珍贵记忆

语文教师极重要的使命是：帮孩子珍藏童年。童年记忆是一生的财富，用文字收藏童年是最美妙的经历。孩子小，不知道这一点，语文教师必须让他们知道。

福州实验小学有位非常优秀的语文教师：钱本殷先生。钱先生是老一辈语文名师，以作文教学名闻遐迩。钱先生教过的孩子有用写书收藏童年的幸福经历。

在过去的岁月，钱先生常给孩子的好文章写上评语，推荐报刊发表，再从中精选编成“学生优秀作文选”，亲自写前言，编目录，刻蜡版，油印出来发给孩子。他指导孩子编“手抄报”“作文月刊”，教他们将写的读书笔记或好作文编成书，留下色彩缤纷的童年印记。为一茬茬孩子的第一本书，钱先生满头青丝染霜华。

吴舒鋆的书《秋天的回忆》“前言”：

大家好，我是作者吴舒鋆。

秋，安然无声地离开了，就在这时，我完成了《秋天的回忆》。虽然，这美好的秋天一去不返，但《秋天的回忆》却隐含着我对它的回忆！

《秋天的回忆》是我近期读书笔记中精选出来的20篇，希望老师和同学们欣赏后能够多提宝贵意见，以便日后编出更完美的书奉献给读者。同时也希望看到同学们的优秀作品！

吴舒鋆不会忘记是钱先生教她写“欣赏性读书笔记”，她有了人生第一本书。“编出更完美的书奉献给读者”的承诺，终生难忘。

陈黛丽的书《雪漫的家》“前言”：

离别的钟声即将敲响，美好的时光即将悄然而去，六年既漫长又短暂。

时间飞逝，一眨眼，六年的童年时光，就在同学们打打闹闹中无声地穿过了。

想留，留不住；想再来，不可能；这时光就像花瓣。花瓣静静地飘落，回忆忽隐忽现……睁开眼一切都消失了。

小学时的梦，把它放在作文精选册中吧。让它慢慢地跳跃，让我慢慢地回忆。我写下这本书后，就要同大家一样飞向美丽的新世界中去了……

如果有一天，我要回头，我要回头找寻这本书的一点一滴，那么，我会先寻觅到一张张微笑的脸。

可以想象，陈黛丽若干年后翻阅该书的喜悦与温馨，她不会忘记这是拜钱先生所赐，她寻觅到的“一张张微笑的脸”中一定有钱先生的笑脸。

钱先生写的《好作文聊出来》深受师生喜爱，书是用生动的故事形式聊作文。他与他的学生是书中的人物。孩子从与钱先生聊天中懂得怎样写作文、写书。

孩子在钱先生的书中，钱先生在孩子的书中。

孩子永远记得，他们的言语生命之舟是从钱先生的港湾扬帆启航的。

课文：别把孩子教坏了

——《谈礼貌》之我见

2016年4月8日，我在“千课万人”“新常态教学”观摩会评课。薛法根老师执教，课文是苏教版五年级下册《谈礼貌》。课后我评论说：“薛老师的课很给力，课文很不给力，薛老师的本领是能将一篇垃圾文章上得有声有色。”

薛老师的课选择教议论文，注重培养学生分析思维：同中求异、异中求同，甚好。但如此劣文被选入教材，令我惊愕：该文即便是学生作文也不合格——当过30多年高校写作教师，多年高考作文评卷大组组长，这点判断力大约我还是有的。

该文的开头段：“中国曾有‘君子不失色于人，不失口于人’的古训，意思是说，有道德的人待人应该彬彬有礼，不能态度粗暴，也不能出言不逊。礼貌待人，使用礼貌语言，是我们中华民族的优良传统。”

议论文生命是观点创新，该文不但观点了无新意，连“古训”的语义都弄不清楚，而且思维逻辑混乱。引文出自《礼记·表记》：“子曰：‘君子不失足于人，不失色于人，不失口于人。是故君子貌足畏也，色足惮也，言足信也。’”显然，“不失色于人，不失口于人”，是指仪容庄重（威严）——使人震慑，言语慎重——使人信赖，并非指“有道德的人待人应该彬彬有礼，不能态度粗暴，也不能出言不逊”。由于理解错了，从中推演出“礼貌待人，使用礼貌语言，是我们中华民族的优良传统”的观点是荒谬的。此外将极少数“君子”的理想人格（孔子都不敢自称“君子”），视为整个“中华民族的优良传统”，更是驴唇不对马嘴。

文章主体部分用三件事“论证”、阐发论点。①牛皋问路，因不礼貌，老者不但不指路，还骂他，岳飞有礼貌，得到老者耐心指路——三人中只有岳飞讲礼貌，牛皋、老者都不讲礼貌，能证明“中华民族”礼貌待人吗？②公共汽车上小朋友踩了女青年的裙子，小朋友以“对不起”化解了矛盾——这几乎地球人都能做到，能说明是“中华民族的优良传统”吗？③周总理理发时因咳嗽被理发刀划破脸，没责怪理发师，反而安慰他，“可见文雅、和气、宽容的语言，不但沟通了人们的心灵，而且反映出一个人的思想情操和文化修养”。——离题：“文雅、和气、宽容”与“礼貌”是两码事；而且，根本谈不上“宽容”：理发师没错，谈何“宽容”？

如此观点陈旧、逻辑不通、说理错乱的“议论文”，会把孩子脑子教坏的。先贤留下无数精彩绝伦的论辩文，怎么不选一篇好点的？

“先学后教”的困惑

这两年“先学后教”风生水起，大家伙成群结队争先恐后浩浩荡荡一窝蜂似的“取经”去，就跟当年“学大寨”一样。去不去是态度问题，学得怎样是能力问题。

我极愿意相信“先学后教”取得了骄人成绩——看在全国各地老师诚心“取经”，花费了天文数字差旅费份上。但稍微过脑子后发现我的良好愿望很可能要落空。

为了严肃、严谨起见，先弄清何谓“先学后教”：“先学后教”是江苏某所中学独创的课堂教学模式，是对传统的‘先教后学、课后作业’教学模式的颠覆性改革。每堂课教师都不要先讲，先让学生自学。学生不是盲目地自学，而是在教师指导下自学，是带着教师布置的任务、有既定目标的自学。

问题来了：以往老师不布置、指导学生预习、自习？教师“指导”学生“先学”不算“教”？教师“后教”时学生不“学”，净玩？“学”与“教”可以分出先与后？

依我浅见、愚见，课前学生预习、自习早已是教学常规，不是什么新发明。学生在课上学习内容可以有先后安排，但是“教”“学”是不分先后的。

“教学”这一“复合词”，意味着“教”与“学”是难解难分的，师生是教学活动的“复合主体”“集体主体”。将学生的“学”与教师的“教”分先后阶段进行，就不是“教学”了。“先学后教”，意味着“学”与“教”是分阶段进行的，就是一节课前半段是学生在“自学”，教师啥事不管；学生“自学”完，课的后半段是教师对着空气“教”，学生啥事不管——教师“教”时，学生不“学”；学生“学”时，教师不“教”，还是“教学”吗？

教学过程中“教”与“学”始终是互渗、互动着的。

尽人皆谓“先学后教”好，而我至今搞不懂，唉。

“同课异构”的冷思考

国人喜欢赶时髦，教育界亦如是。一旦某种观念、教法被炒作起来，便不辨是非，趋之若骛。

近年“同课异构”颇为流行，每有教研活动必“同课异构”。笔者曾有幸为此“评课”，觉得大多流于形式，没多大意义。

表面上似乎“同课异构”比“同课同构”强，但稍微动动脑子就会发现“同课异构”的提法着实可笑：不同的教师上课能“同课同构”吗？除非安装同一软件的机器人上课。“同课”必定“异构”，用得着说吗？即便同一教师上同一课文也难以“同构”。教学是随机生成的，想按部就班都难。

关键在“异构”究竟该“异”在哪里。今天的“同课异构”大多追求教学内容、方法之“异”，考虑“教什么”“怎么教”比较吸引眼球，一般不考虑“为什么教”，即“教学目标”之“异”。这是舍本逐末。

我在东北师范大学教师教育实验区听过一次“同课异构”教学。三位教师同教陶渊明的《归去来兮辞》，教完之后“说课”，只有一位教师说到教学目标：认识陶渊明是怎样一个人，不让学生因觉得他“矫情”而讨厌他。其他两位教师说了一大篇，居然没说“教学目标”是什么，其中一位后来坦承“没有目标”。

其实教学目标“异构”才是最重要的。教学目标是本质，决定教学内容、方法的选择。目标正确、明确，才有教学内容、方法可言。不知道“为什么教”这篇文章，教学内容一定是混乱的，再怎么讲究教学方法也白搭。

我以为，“同课异构”，得“目的同质”“目标异质”。

“质”（目的、目标）有层次，语文课程最高的“质”（目的）是为了读懂、理解文本，或是学习语言文字运用，还是为了学生言语“表现—存在”素养的建构？我以为应是后者：“培育言语表现素养，以成就立言者”。这一课程性质（目的）必须“同质”。每节课具体目标——“异质”，必须是由此分解出来的。

读懂、理解文本，学习语言文字运用之类，不能作为课程目的或高层次目标，只能作为低层次目标。

须在“成就立言者”这一“目的同质”下，追求“目标异质”。“异质”“目标”的确定，贵在与培育学生言语表现素养、与他们实际写作学情对接，由此选择与之相适应的教学内容、方法。

在“阅读本位”（读懂、理解）下的“同课异构”等于缘木求鱼，基本上是徒劳，再怎么挖空心思也不过是培养孔乙己罢了。

再别干形式主义的“同课异构”的蠢事了。

第章

语文学测之思

微写作：怕是用错了心思

这是 2014 年高考北京卷作文题之一：

微写作（10 分）

从下面三个题目中任选一题，按要求作答。不超过 150 字。

1. 毕业前，语文老师请同学们把自己学习语文的体会写下来，与下一届同学分享。要求所写的体会具体、切实，易记忆。

2. 今天早晨是家长送你来考场的吗？请对“家长送考”现象予以评论。要求观点鲜明，有理有据。

3. 写一段抒情文字（可写诗歌）纪念自己的 18 岁。要求感情真挚，富有文采。

应该承认，这三道题文字平易，有现实感、当下性，不易套题，学生有话可说。追求“短平快”，与当今微博、微信、QQ 上的微言短论如出一辙，似乎是一项切合数码科技时代的写作考试改革。一时间，语文界趋之若鹜，语文教坛“微写作”迅速发酵，铺天盖地，风头强劲——大有一统高考天下舍我其谁之气势。

乍一见，只觉得“微写作”，比讨论“老规矩”的“大作文”鲜活，病急乱投医，不妨一试吧，所以并不在意。及至“微写作”炒起了大台风，席地而来，想不搭理都不行，才感到有说几句的必要。

我以为真正该用心思的不是高考作文中的60分怎么分配，是否应在大作文之外加上“微写作”，来平摊评卷误差，或制造一个作文题与时俱进的噱头，以吸引眼球。治标不治本，能考出学生的思想力水平吗?

看看2014年法国高考题。

文科，以下3题，任选其一：

第一题：艺术品是否提升我们的洞察力？

第二题：追求幸福快乐，是否什么都可以做？

第三题：解读卡尔·波普尔《客观知识——一个进化论的研究》（1972）一书中的一段论述。

（还有经济社会科、理科各三道题，略）

这才是真正“高大上”。同样三道题任选，人家是什么题，我们是什么题？中国的孩子只配做无理性、无哲思、无底蕴的作文？但凡稍不“阿Q”点的人都会无地自容。

补点命题常识如何?

这是2014年高考四川卷:“人,只有在自己站起来之后,这个世界才能属于他”。

材料即观点。“命意”,为命题之大忌,此乃常识。

试想,你“命意”,考生如何“自主立意”?“意犹帅也,无帅之兵,谓之乌合。”“乌合”之作,如何检测写作能力?“命意”即思想强暴,虽属无心之失,亦难辞其咎。

不仅四川卷,福建卷、上海卷、浙江卷、江西卷……也一概“命意”,差别只是“明命”或“暗命”。

“命意”也就罢了,却还“命”偏了。“命”的是主观、片面、绝对的“抒情”之“意”,而非理性、思辨、辩证的“说理”之“意”。“自己站起来之后,这个世界才能属于他”,此“意”似乎很哲理、诗意,却是个“立”不起来的偏见、陋见。这令遵“命”写作的考生情何以堪?

人未必只能站着,而不能坐下,躺下;有时不站起来,世界也能属于他——依赖、借力、守雌,也是一种生存、发展法则。“站起来”,是文学的语言,不是科学的语言,没有统一的尺度,一千个人有一千种“站”姿。自以为站起来了,别人觉得是趴着;自以为趴下了,别人觉得是站着。——“世界属于他”岂不更荒谬?其中得失、利弊谁能说得清?

异命题、反命题比比皆是:“知进退存亡,而不失其正者,其唯圣人乎”“君子之心，可大可小；丈夫之志，能屈能伸”“不战而屈人之兵，善之善者也”“知其雄，守其雌，为天下溪”“上善若水任方圆”“养怡之福，可得永年”“谋事在人，成事在天”“心比天高，命比纸薄”“天时、地利、人和，三者不得，虽胜有殃”……这表明，“站起来”不是人生的唯一选项，其他条件照样缺一不可。

诸葛亮算得上伟丈夫了，鞠躬尽瘁、死而后已，世界并没有属于他。曹操，仿佛世界属于他了，可他算得上伟丈夫吗？

该材料作抒情之“意”则可，作说理之“意”则不可。要立此论点，只能是自说自话、强词夺理。

这类抒情性题并不少见。如：“山的沉稳，水的灵动”“为什么我的眼里常含泪水？因为我对这土地爱得深沉”“人生中的赛跑，是在有限的时间内看你跑了多少路程”“一切都会过去，一切都不会过去”……这些“意”都是偏执而没有说服力的。

“意”有“抒情”“说理”之别，也是命题常识吧。

把“审题”废了吧

命题作文什么最重要？多数中学老师的直觉反应一定是“审题”。

我曾不厌其烦地说过，“审题”不是写作能力，是一种应试“伪能力”。可是任你磨破嘴皮也没用，还是把作文题出得刁刁怪怪的，似乎这样才能让学生充分发挥出“审题”能力。就盼着学生“审”错题，仿佛不如此便不能表明命题水平高。例如 2011 年福建省高考作文题：

根据以下文字，写一篇不少于 800 字的记叙文或议论文：袁隆平说，我的工作让我常晒太阳、呼吸新鲜的空气，这使我有了个好身体。我梦见我种的水稻长得像高粱那么高，穗子像扫把那么长，颗粒像花生米那么大，我和我的朋友，就坐在稻穗下乘凉。

记得拿到题目后我琢磨又琢磨，始终没弄明白这段文字讲什么。至今也没明白。

——常晒太阳、呼吸新鲜空气，就会有好身体吗？我年轻时插队当了六年农民，也常在田里晒太阳、呼吸新鲜空气，非但没有好身体，而且病痛不断；更常晒太阳、呼吸新鲜空气的农民，长寿的极为罕见。

更加令人百思不得其解的是，“我有了个好身体”与“我梦见……”有什么关系？没有好身体连梦也做不成？我虽身体不怎么样，好像并没有妨碍我做梦。自然，“我梦见……”，可以理解为有“梦想”。但有没有“梦想”，梦想的质量，与身体好坏有必然的联系吗?

考生比我更崩溃，因为读不懂，写什么的都有，如写乐观、热爱、知足、质朴、创新、奉献……——能读懂这种天书的，定是神人。尽管评卷老师也未必知道题意是什么，但丝毫不妨碍将一大批作文判为“离题”。当年状元卷《热爱诞下创造的婴孩》，既是稀里糊涂地写，也是糊里糊涂地判。材料说到“热爱导致创造”了吗?

这类题目确实把考生害惨了。考的不是写作，而是猜谜语。为什么不出得浅显易解些呢?原因在于误以为“审题”是一种写作能力,将其作为考点。应试写作要“读题”,否则就没法写。但无须“审题”。“审题”意味着费解，费解之题才要“审”。学生审错题原因很多，如上面这道作文题，明明是命题者逻辑混乱，其严重后果却由考生来承担，这对他们公平吗?即便确实是学生审错了题，可能是因为考场紧张所致，与理解力无关。老师能分辨清楚是能力不足还是忙中出错的离题吗?

其实，“审题”压根就是伪能力，在真写作中是无须审题的。

愿今后作文题一目了然，再无须审题。

复归统一命题之反思

2004年福建省高考自行命题，12年后复归全国统一命题，不知这意味着什么，将来路在何方？作为改革亲历者，我内心五味杂陈。

刚开始可谓欣喜若狂：总算打破了几十年大一统命题体制，十多套试卷自由竞争自然是好事。后来发现这想法太天真了。

首先，“考纲”还是一套，试卷大同小异。增加了若干命题班子，做着基本雷同化的工作，徒然增加劳动力成本。

更要命的是各省命题者均缺乏高考命题经验，临时召集来，开个会便上岗了。命题教师多数来自中学，他们作为教师也许很优秀，但作为高考命题者未必优秀，有些甚至很不称职。

也许有人会说“没吃过猪肉还没看过猪跑吗？”看见猪跑，跟吃过猪肉能一样吗？高考与中考、会考、质检的性质完全不一样，思考问题的出发点是完全不同的。中学教师不论参加什么命题，总是下意识地站在中学、自己学校甚至自身教学的立场，而不是站在高校选拔人才的立场思考问题的，这直接影响到命题立意与质量。

最要命的是，绝大多数命题教师（包括高校教师）没研究过高考命题。这么说恐怕会激起更大公愤：我们不研究什么也不会不研究高考命题啊！——你们是研究应试，不是命题。没研究过命题能命得好题吗？

这就触及到了高考命题改革举步维艰的死穴。

是否统一命题并不重要，重要的是怎样才有利于命题质量的提高。如果命题研究仍处于民间放任自流状态，命题改革便无从谈起，命题质量的提升更是海市蜃楼。

我常因此而纠结：中国各种研究院所多如牛毛，许多是重复性设置或因人设事，其中究竟有没有官方的“高考命题研究院所”？

搜索“高考命题研究所”，只看到两条相关信息。其一是某民办教育机构称：“与华中师范大学、北京师范大学中高考命题研究所建立了长期战略合作关系”，但没查到署名该研究所的成果。如确有其事，该“战略合作”显然目的不在研究高考命题，而是如何应试。其二是哈尔滨新闻网报道：一家名叫真金教育的机构，说其授课教师来自“黑龙江高考命题研究所”“中国考试研究院”。省教育厅工作人员说并没有这两个机构。

我倒真希望存在这两个机构，每年大几百万学生参加高考，没有官方研究高考命题的机构，没有一支强大的专业高考命题研究队伍，没有厚重的研究成果，怎么保证命题质量？不从根本着眼，复归统一命题有什么意义？

知言语廉耻，才有师道尊严

高考作文命题者，是中学语文教师或高校的中文教师、学者，而且是巨优秀的，这大约无可置疑——如果说有些命题者连个句子都写不好你信吗?

2014 年高考语文福建卷作文材料中有一句是："有些人一提起空谷就想起悬崖峭壁,而另一些人想到的却是栈道桥梁"。"而""却"不能同时并用，只能择其一。这属于语法错误。最好两字都不用：如果在语境中能看出二者是对立的，关联词能不用尽量不用。

有位老师指出该句还存在另一个问题："一提起空谷"，是涉及两个分句的，不宜放在第一个分句内，要放在全句之首："一提起空谷，有些人就想起悬崖峭壁，另一些人想到的是栈道桥梁。"我赞成他的意见，这属于表达优劣的问题，要力求文字的清晰明了。

福建卷的文字并不是最糟的，至少还读得懂。读下面一些不知所云的作文题，作为福建人会略感宽慰。如 2014 年江苏卷：

有人说，没有什么是不朽的，只有青春是不朽的。

也有人说，青年人不相信有朝一日会老去，这种感觉其实是天真的，我们自欺欺人地抱有一种像自然一样长存不朽的信念。

诸君明白这说什么吗？明明后者是针对前者的批评，然而，所言驴唇不对马嘴："只有青春是不朽的"，意思是"青年人不相信有朝一日会老去"吗？是"自欺欺人地抱有一种像自然一样长存不朽的信念"吗？——显然是完全把意思"读"拧了。这不是病句，却是"死句"：莫名其妙。

我终于明白，王蒙说"我要是考作文，都能交白卷"，大约说的就是这类题。

没有最糟，只有更糟。考验诸位心理素质底线的时刻到来了。

新课标Ⅰ卷：

> "山羊过独木桥"是为民学校传统的团体比赛项目。规则是，双方队员两两对决，……有一组比赛，双方选手相遇时，互相抱住，转身换位，全都顺利过了桥。这种做法当场就引发了观众、运动员、裁判员的激烈争论。

规则是"两两对决"，不"两两对决"，便取消其比赛资格呗，有什么可争论的？还"激烈"？这些观众、运动员、裁判员莫非是外星人？或者收了黑钱、赌赛，故意寻衅滋事？一个字：晕。

语文教师、作文题的命题者要是文字不讲究，连一两句话都写不清楚，凭什么来教学生，考学生？在学生面前，还有为人师表的廉耻、尊严吗？

命题观重构：从“写生活”到“写思想”

——2016 年高考作文题反思与前瞻[①]

高考指挥棒本质上是一种价值导向。由于“写作能力是语文素养的综合体现”，因此，高考作文题应是语文课程价值导向的集中体现。长期以来，局限于“写作系技能”的工具性的语用认知，“语用”目的是“应付生活（日常生活）”之需，“写生活”“贴近生活”，成为高考作文命题与写作教学的基本理念。“应付生活”的语用认知背后，是生存性的实利主义、工具主义哲学观、价值观，致使语文、写作教育日益技能化、功利化、俗滥化，与指向“立言”的终极关怀、人类情怀背道而驰、渐行渐远。

2016 年高考作文命题仍以“关注现实生活”、检测“语用技能”立意。不是重在考查精神、思想、思维素养，在学养力、思想力、思辨性上不作具体要求，与检测言语动机、学识、思想、思维方法失联，存在性的言语价值观引领缺位。绝大部分作文题倾向于写学生日常生活体验，考查文字处理、应用、表达技能，以正确理解题意，符合文体规范，文字表达顺畅为基本评价标准，“写生活”的“语用”命题观之沉疴痼疾，彰显无遗。

围绕着“写生活”，全国九道作文题大致可分为以下几类：

① 本文与潘苇杭合作。

一、贴近家庭生活：谁都有得写

命题意图：贴近学生的家庭教育（也可推广到学校、社会教育）。

以全国卷Ⅰ为代表：漫画作文，讲的是家长对孩子成绩的态度及其产生的作用。该题用于经济较发达地区，是使用范围较大（九个省市区）、最受瞩目的。漫画、分数、奖惩，这几个关键词最能体现“写生活”命题观：低幼化、俚俗化、普适性。显然，这是以人人“有话可说”为命题准则。小学生、中学生可以写，专家、学者也可以写，童叟无欺、老少咸宜，谁都能说上几句，全民皆大欢喜。

窃以为高考作文不宜以漫画入题，因为这既不符合语文学科应检测文字理解的特点，也有悖写作立意应以真实、严谨的文字资料为依据的要求。漫画是艺术家主观、夸张的表现，是想象、虚构的，根据漫画立论、论证，是不严肃的，不具有说理性、说服力，只能算文字游戏。更重要的是，它将对学生思维方法产生误导：以为信手拈来、胡编乱造的“材料”，不加考订、辨伪，便可以信口开河。从治学意义上说，据漫画立论，与据谣言、假资料、道听途说立论，没什么实质上的差别，将导致不负责任的言论泛滥成灾。即便再好的漫画，都不宜作为高考作文题——小学低年级“看图说话”另当别论。

作文题违背了命题规律，考生却不能不写。题目中的漫画由两组因不同的考试成绩而受到奖惩的画面构成。两组画意思相反，每组内部两幅画的意思也相反。该漫画名为“奖惩之后”,主题词是“适得其反”。考生可提取以下论题或角度:“奖与罚”“奖惩的作用与反作用”“退步与进步”“自比与他比”“奖惩的辩证法”“奖则退,罚则进”“肯定与否定”“退步与进步”“胜不骄,败不馁”“终极性评价与发展性评价”“公平与不公平”“不公平中的公平”“公平中的不公平”“奖惩的尺度(标准)”“奖惩体制的检讨”“绝对与相对”“偶然与必然”“外因与内因”……只要能对漫画内容作合理引申,二者间对接巧妙、妥帖,都是可取的。

如果有的考生见到脸颊上的“巴掌印”,感同身受,不由自主写起“体罚”“家暴”之悲情与愤怒,责任要由漫画家、命题者来负,不应判离题。即便有学生从挨打后成绩提高了,写“家暴的好处”或“不打不成器”,也情有可原,因为这也是画面之意。

需特别指出的是,作文题中“家暴”以及“家暴”促进孩子提高成绩,该含义极为不妥,要引以为戒。固然“掌掴”象征“责罚”,但在高考试题中出现任何“暴力”意涵都是不适当的,会给施暴者以口实。命题者要有法律意识,要避免题意可能产生的负诱导。

二、贴近学校生活:谁都没法写

命题意图:贴近学校“语文学习生活”。

以全国卷Ⅱ为代表:使用该卷多达12个省市区,是应用面最大的一份高考卷。要求学生讲语文学习心得:“……对于我们中学生来说,语文素养的提升主要有三条途径:课堂有效教学、课外大量阅读、社会生活实践。请根据材料,从自己语文学习的体会出发,比较上述三条途径,阐述你的看法和理由。”出发点还好,可惜该题出“偏”了,“偏”得离谱。

本来学校生活是学生最熟悉的,可写的材料最多,可偏偏所命之题让学生莫名其妙，无话可说。命题者一厢情愿地以为很贴近学生的学校语文学习生活，其实学生对该材料很陌生，谁都难写好。

原因在于题目不是从学生立场命题。从理论上说培养语文素养确实存在这三条途径，可是在现实的语文教学实践中并不存在。就是说，学生并没能真切感受到这三条途径对自己学习语文的帮助。即便在经济发达省市区，这三者在语文教学中都没得到很好的体现：多数学校没有语文“课堂有效教学”，如果有，学生语文水平怎么会如此低下，他们怎么会如此痛恨、厌学语文？“课外大量阅读”“社会生活实践”这两个途径，几乎从没有在教学中受到重视、得以实施，如此，学生怎能有“体会”，怎能“比较上述三条途径”，谈自己的看法与理由？既没有相关经历，也没有思考过，要写的话只能瞎鼓捣。

这试题用来考语文教师也许比较合适，作为在职教师语文教育硕士入学考试作文题也还凑合，可让他们借此反省、检讨语文教育。

弄错了考试对象，没有站在学生立场考虑其可行性，命题之后也没有经过“试考”验证，这是不应该发生的命题失误。

三、贴近社会、时代生活：谁都凑合写

命题意图：贴近外部世界。这类题目因其具有较强的社会性、时代感，往往备受褒扬。实际上不能一概而论，即便写当下社会生活，也要做具体分析。

此类作文题有四道，占比最高，可视为今年主流题型。命题关注外部变化着的世界，然而遗憾的是，与前一类作文题一样，“贴”而不“近”、有“言”无“思”，考生只能勉为其难说些言不由衷、浮皮潦草的话，想必大多是应景、拼凑、敷衍之作。

如全国卷Ⅲ的材料是说小羽规范茶叶市场，“将工艺流程公之

于众，还牵头拟定了地方标准，由当地政府有关部门发布推行”，带领大家共同致富的故事。——由于大多数学生对企业、商业运作领域很陌生，不知道该不该“将工艺流程公之于众”，什么是“地方标准”，要如何制定，如何规范市场行为，写起来一定很“江湖”，左支右绌、错漏百出。这题目适合于考公务员。该题与全国卷Ⅱ犯同样的错误，也是不看对象出题。全国卷三道作文题，总体上命题水平堪忧。

以下三道题比全国卷Ⅲ略好。浙江卷：“……当虚拟世界里的‘虚拟’，越来越成为现实世界里的‘现实’，你是选择拥抱这个世界，还是可以远离他或者保持适当的距离？”上海卷：谈对“评价他人生活变得越来越常见”的看法。江苏卷：“……别人已说的我不必再说，别人无话可说处我也许有话要说。有时这是个性的彰显，有时则是创新意识的闪现。”这些题目提供的材料、内容，学生确实置身其中，也有切身感受，似乎好写点，但对于“两耳不闻窗外事”的他们来说，其实并不入心，谁也没有深思熟虑过，更不用说有什么研究。谁都可以凑合写，但只有肤浅感觉，写不出什么思想的精彩，纯粹应付考试而已。即便说得头头是道，也是泛泛之论、人云亦云，没什么价值，得利的是花言巧语的“长才”。对此，命题者应该要预见到。

这类社会、时代生活题，似乎很时尚、接地气，然而，即便学生与其贴得很近，很有话说，也不值得推崇。因为题目所接的“地气”，缺乏“以天下为己任”之“大气”，尽是鸡零狗碎、家长里短之“小气”。既无神采飞扬、锋芒毕露的滔滔宏论，也无悲悯苍生疾苦、心系万世太平的家国情怀、人类情怀，却有引向浅薄、无聊、庸常、琐屑之虞：叽叽喳喳、说三道四；一地鸡毛、不痛不痒。依我鄙见，这些题只配做茶室、咖啡厅谈资，不登大雅之堂。不是读书、问学、明理之人该做之题。显然，这对学生是庸俗化、小家子气的调教。这些题集中产生在江苏、浙江、上海，是一个蛮有意思的文化现象。

四、贴近精神生活：谁都值得写

命题意图：贴近精神世界、内心体验。

这类作文题较前面社会、时代生活类，更为“切己”。它是本质上的“切己”——贴心，触及学生的心灵、理性。总体上说，此类题导向好，是四类题目中最值得倡导的。题目或多或少激发了学生对事物的深层思考，让有思想力、思辨力的学生得以施展、获益，隐约体现了“写思想”的萌芽。

此类卷以山东卷为代表。我所说的“谁都值得写”，主要指的便是山东卷。以下三份卷命题水平参差不齐：山东卷最佳，天津卷尚好，北京卷较差。

山东卷：“行囊已经备好，开始一段新的旅程。路途漫漫，翻检行囊会发现，有的东西很快用到了，有的暂时用不上，有的想用而未曾准备，有的会一直伴随我们走向远方……”这涉及人生需要什么，不需要什么，要准备什么，什么是眼前要用而没有准备好的，什么是能陪你走到最后的，终身受用的，什么是有用、无用、无用之用……固然不那么感性，与现实生活、日常应用有点脱节，论题有点抽象、玄虚，不少学生此前未思考过，未必能写好，却是不容置疑的好题目。因为它引导学生思考人生、审视价值，关注“无用之用”。探索人生观、价值观、世界观，是高中生写作应有的导向。从语文、写作学习的价值引领看，该题堪称当年最佳作文题。尽管与基于学养、学问的“写思想”还有距离，也算没有辱没邹鲁文化之熏陶。

天津卷："在阅读方式多元化的今天……在阅读方式的选择上不拘一格。请围绕自己的阅读方式，结合个人的体验和思考，谈谈'我的青春阅读'。"要求学生谈论自己的青春阅读感悟，似乎与全国卷Ⅱ"谈培养语文素养三条途径"相似，都是谈学习；其实不然，全国卷Ⅱ的材料外在于学生，天津卷内在于学生，更贴近他们的内心世界、切身体验，有真情实感可说。我对其肯定，是因为对"青春阅读"的思考及反思，对人生影响深远。其优点是：① 引导思考如何正确地读书。② 触及思考求知、做学问的方法。③ 要写好，需要有一定的学养准备。不足之处是被限制在谈论选择什么方式阅读上，这表明命题者格局、襟怀还太小，还缺乏引领"写思想"的自觉，说的只是个人阅读习惯、偏好，其意义就大打折扣。如能着眼于"青春阅读"该读些什么，如何促成人的心灵养育、成长，为言语人生、诗意人生奠基等，其价值就迥然不同。

北京卷：琳琅满目，让人眼花缭乱。大小作文并举，微写作"三选一"，大作文"二选一"，似乎很顾及"学生本位"，且注重检测全面语文素养，实际上不得要领，强加于人、霸气十足："'老腔'何以令人震撼"——你怎么知道考生被"老腔"震撼了，如果没被震撼，这作文还能写吗？你觉得"老腔""酣畅淋漓"，别人则未必。你感觉到"老腔的魅力"，岂能要求也许并没感觉到其魅力的他人"从老腔的魅力说开去"？"神奇的书签"，"要求：表现爱读书、读好书的主题……"连主题都被设定了，没有立意自由，还写什么？关于读书的主题无穷多，为什么要统一在一个主题下说雷同的话？命题者在要让考生自主立意的常识上，存在明显失误。剥夺考生立意权利，迫使他们做无思想之文，甚不可取。本来不论谈"老腔"或谈"读书"，都可以写出独特体验、文化意蕴，可惜被糟蹋了。读这两道题感觉特压抑、悲哀。

五、结论：弘扬“立言”“明道”传统，以“写思想”为导向

纵观2016年全部高考作文题，其“写生活”的语用导向鲜明。“写思想”的立言导向较为孱弱，基于学养、学识、学问的“写思想”的命题、写作自觉，还有待培育。从“写生活”向“写思想”转向，是今后高考写作命题改革与语文课改的方向与使命。

所谓“写生活”的作文题，是指要求写对某一生活现象的感觉、感想、感悟。作文的“立意”，是从命题者预设的材料中“猜意”“选意”。有的连这道手续也免了，直接告诉你要写什么主题（如北京卷）。接下来便是按图索骥、按部就班的“文字秀”，主要评价的是语用能力。这些题普遍对学识修养、思想力要求极低，拍拍脑袋就能写，而且靠花言巧语还能得高分。能如此轻松“写生活”，谁还愿意坐冷板凳，为伊消得人憔悴？作文，说到底考的是“意”——思想，或者说是思想的表达。没有思想之语用，是无珠之椟、无本之木。没思想、学问的文章，言辞再华美，也是拾人残渣余唾的文字垃圾。是到了与“写生活”命题观诀别的时候了。

所谓“写思想”的作文题，是指不以庸常、琐细的生活现象命题，而是以经典、学问、哲思命题。题目主要来自历代先贤的经典论著，非读过原著，平时有所思考、钻研，便没法写，甚至连题目都看不懂。这类题不预设观点，不定于一尊；以观点新颖、资料翔实、论述深邃、论证严密为主要评价标准。观点——思想，不是源于感性的、碎片化的生活现象，主要来自于理性的、系统的理论知识的积累、认知、反思、批判。思想，基于学养、思辨、反驳、证伪、假说、解构、重构。力求言必有思，思必有据，据源于学，学以明理，理足可传。写思想，实际上就是写论文。如此才能引领、

激发学生读经典、做学问的动机。写思想的终极目的，是成就思想者、立言者。

“写思想”的命题观，与“立言”“明道”等传统写作价值观一脉相承，既是理性回归，也是价值重构。

我国传统写作价值观反对华言丽词、绮靡文风，轻“器用”之文，重“质”、重“道”，推崇“立言不朽”，强调“文原于道”。如，《文心雕龙》开篇便是“原道”:“故知道沿圣以垂文，圣因文以明道，旁通而无滞，日用而不匮。《易》曰:‘鼓天下之动者存乎辞。’辞之所以能鼓天下者，乃道之文也。”以“明道”“道之文”给写作价值定位，以“道”给文章立心。所谓道，就是事物之本然；明道，就是阐明事物的道理、奥秘；道之文，就是有思想、有真知之文。历代关于写作之目的、功用虽说法各异，但追求揭示事物本质、规律、特点，做言之有思、言之有学之文，是先贤之共识。

古人将文章分别为三类:道之文、学问之文、辞章之文。道之文、学问之文，是写作价值高标。缺乏思想含量、质量，没有学识底蕴，只有浮浅的生活体验之语用，便是辞章之文，言辞再华美，也一钱不值。

从写作实践上看，我国汉代以来考经义、策论，考八股文、时务策等，清代桐城派文论的义理、考证、辞章三者相济说、义法说，等等，固然不无“代圣贤立言”之蔽，但也体现了对道之文、学问之文的追求。没精读过“四书五经”《左传》《国语》《史记》《汉书》等，便难以写好选举制、科举制下的应试文章。以八股文来说，题目便是来自“四书”，要知道题目出处，是何意思，才能破题、承题……读过“五经”，读过史传，读过诸子，才能引经据典，写出体悟“圣贤之意”的独是之论。尽管多数应试文未必称得上道之文，但称为学问之文也许是够格的。至少不像如今的“写生活”，可以靠小聪明胡说八道、轻薄为文。

国人羡慕法国高考作文题的“高大上”，其命题理念就是求真知、写哲思，就是引导学生做学问、探真理，成就思想者。其实，我国从汉文帝《策贤良文学士诏》、晁错《贤良对策》、董仲舒《举贤良对策》……到历代策问、经义、八股，不乏“高大上”之题目与饱学、明道、有思想之文。我们为什么不能接续道之文、学问之文的传统，继承荀子“以正道而辨奸”，王充“铨轻重之言，立真伪之平”，刘勰“原道”“征圣”“宗经”，韩愈“文以贯道”，苏轼“文与道俱”，朱熹“主乎学问以明理”“文本于道”“文便是道”……文统之精华？蔡元培先生在 20 世纪 20 年代编小学生作文选，编辑宗旨便是：“惟精神思想是取”，对语用——文字水平不置一词，这无疑深得评判作文、引领价值之肯綮。明道、体道、悟道、传道、贯道，“惟精神思想是取”……是评价文章优劣的关键，写作应有的价值取向。

往后高考作文可否如此命题：《我看“学而优则仕”》《“己所不欲，勿施于人”解读》《“处无为之事，行不言之教”之我见》《我读〈左传〉(或〈国语〉〈史记〉〈汉书〉〈资治通鉴〉……)》《我眼中的陶渊明与李白》《试论王国维(或梁启超、陈寅恪、冯友兰、胡适、朱光潜、陶行知、钱学森、鲁迅、沈从文……柏拉图、亚里士多德、黑格尔、海德格尔、弗洛伊德、皮亚杰、萨特、爱因斯坦、霍金……)(或某一部重要的学术、文学专著)》《我读〈红楼梦〉(或其他古代名著，或作品中某一主要人物)》《我读莎士比亚(或巴尔扎克、福楼拜、莫泊桑、托尔斯泰、普希金、安徒生、王尔德、卡夫卡……)》……这就是“写思想”的作文题，是指向道之文、学问之文，为“立言”奠基的写作。高考语文考写作就够了，可以考多篇作文。我国科举时代就是考多篇作文，乡试、会试连续考三场，每场考三天。现在自然不可能这样做，但是，像法国高考那样，一篇作文考四个小时，还是可以做到的。能如此，还愁学生不努力读书、做学问?

道之文、学问之文，固然难以企及;“立言”之诉求，更是高不可攀，但作为价值引领、终极关怀，必须有。千百年来，先贤“尊德性而道问学”，以笃学、慎思、明辨、悟道、穷理为求知、治学的精神、方法;明知“立言”之难能，而心向往之，不计功利，以命相许，这种崇高感、归属感、道义感，必须有。语文高考作文题，弘扬“立言”传统，倡导“写思想”之文，作有学问背景、专题研究支撑之文，以此命题理念与价值导向，引领课改方向与教学实践，语文教育面貌必将焕然一新。

真、伪写作教学的博弈与妥协

——教学、考试体式的前世今生[①]

长期以来，我国语文课程以记叙文、说明文、议论文等体式进行教学，但课标、教材、教参均没有说明这些文体并非一般文章作品分类中的文体，而是教学、考试体式，师生并不知道这些体式只适用于教学、考试，除了一些教育、教学刊物可以发表其优秀习作外，一般出版物不予发表。在未来工作上，在各类职业性写作活动中，也不具有实用价值。这造成了教学与运用的分离，写作教学在相当程度上成了伪写作教学，写作成了伪写作。其结果是对学生写作观念、素养、技能等学习形成了严重误导，阻滞其言语生命的顺畅、健康成长。

这一个世纪来，中小学只学三种体式写作，主要是两种——记叙文与议论文，学生还绝大多数不过关，这就有必要对此进行反思。几代学生不论怎样加强训练依然不会写作，如此不喜欢写作，与以“伪文体”进行伪写作教学不无关系。这几种体式都是枯燥无趣的，既不能体现言语魅力，也是将来用不上的，与学生喜欢的真文体迥异，无法激发其写作兴趣、动机，产生写作激情、冲动，自然就学不好写作。鉴于此，有必要了解教学、考试体式产生、内涵、演变，

① 本文与陈玉琴合作。

对其源流、得失等作客观、公正的审视，以期使语文教学回到真写作正轨上来，形成真正适合于教学、考试的写作体式。

一、古代教学体式的产生及其演变

教学体式产生的原因大约不外乎两种：一是文章作品类别过为繁细,无法遍及,要有所选择以便于教学;一是出于考试评价的需要。

我国文体分类发端于先秦,学者普遍认为各种文体是由“六经”这一源头分化派生出来。魏晋时代呈逐渐细化趋势。曹丕《典论·论文》将文章分为四科八体：奏议宜雅，书论宜理，铭诔尚实，诗赋欲丽。陆机《文赋》把文章分为十体:诗、赋、碑、诔、铭、箴、颂、论、奏、说。刘勰《文心雕龙》“文体论”（第6篇到第25篇），共讨论了33种文体（不包括点到为止的），有人认为该书涉及的文体计有59种。该书偏于理论，也具教材功能：“夫文心者，言为文之用心也”（《文心雕龙·序志篇》），即教人如何进行写作运思的。昭明太子萧统编《昭明文选》，是后世长期流传的经典文选教材。选文共分38大类，大类下又分若干小类。文体不断增多，教学难以一一顾及。

最初的教学文体大约是为了便于教学而产生的。较早的是宋代真德秀《文章正宗》,该教材流传久远。选文分为辞命、议论、叙事、诗赋四类，这是最大限度的精简。这里的辞命、诗赋用的真文体名称，议论、叙事是以其功能命名，分类标准不是很统一，跟今天的记叙文（叙事）、抒情文（诗赋）、说明文（辞命）、议论文（议论）似有某种关联。《文章正宗》的文体从以往几十类变为四类，显然是基于适应教学方便起见。文体少了，虽然教学变得较为简便，但也失之于难以涵盖诸多文体的写作特点。

及至清代，姚鼐《古文辞类纂》将文体分为13类:论辩、序跋、奏议、书说、赠序、诏令、传状、碑志、杂记、箴铭、颂赞、辞赋、哀祭。后来曾国藩《经史百家杂钞》将文体分为 11 类：论著、辞赋、序跋、诏令、奏议、书牍、哀祭、传志、叙记、典志、杂记，与《古文辞类纂》比，增加了叙记、典志，删去了赠序。其实，二书在这些类别之下，还包含了许多下位体式，只是在体式的大类上作了精简。二书都是很有影响的教材，其背离了《文章正宗》教学文体四大类的划分，背离了“最少化”原则，接续的是《昭明文选》真文体分类系统，不过，分类大大少于《昭明文选》——不知他们是否既注意到文体过多不利于教学，又意识到因教学文体少而产生空疏的弊端，而有意返璞归真。

古代这部分教学体式主要还是从“真文体”中甄选出来的，总的要求是少而精，不失其“真文体”品格。

二、八股文：“正宗”的考试、教学体式

我国古代“正宗”的、最受重视的教学体式，也许当推考试体式，即察举、科举体式。

写作能力评价需要有能检测学生较为全面言语素养的文体，具有以一（少）驭多，能考出学生整体学养、思想、言语表现水平的功能。汉代察举制选官考试就有了策问、经义等文体，隋唐实行科举制之后考的内容更多，如帖经、诗赋、杂文、墨义等。到了明清，除了考八股（也称制艺、制义、四书文、时文）外，还考策问、经论、表、判等，称为“后场体式”。如清代顺治年间开科取士，“乡试、会试第一场试‘四书’文三篇，经义四篇；第二场试论一篇，诏、诰、表各一道，判五条；第三场试策五道。殿试仅有一场，试时务策一道。”[①] 清代科举教育，主要教的就是这些文体的写作。不论阅

① 杨学为、乔丽娟、李兵编著：《科举图录》，长沙：岳麓书社 2013 年版，第 6 页。

读，还是写作，都围绕着这些“科举体式”教，科举体式是理所当然的教学体式，最重要的科举体式八股文，自然是教学的重中之重。

在教学中也会旁涉一些其他真文体。如清代康熙年间的唐彪《读书作文谱》，在着重讲八股文与“后场体式”后，还简单论及“诸文体式”：记、序、小序、碑文、墓志铭、祭文等。可以认为，清代教学体式是考试体式与非考试体式并存，以考试体式——八股文教学为主。八股文是专为考试而设计的文体，这一点是十分明确、尽人皆知的。八股文也可以认为是真文体，是一种用于考试的实用文体。

最重要的教学、考试体式八股文是很值得研究的。它对人的言语、思维、思想素养的考核较为全面，其写作能力、素养可作为其他言语表现体式的基础。固然八股文在表现内容上有其“代圣贤立言”的时代局限，但是即便在满足其内容要求上也要具备一定的文化底蕴，要读四书五经等，否则，连题目也看不懂，也无从“代圣贤立言”。尤其值得肯定的是其表达形式，较为充分地展现了汉语的特殊表现力。启功先生认为八股文的“破承起讲，提比后比”之类，体现了普遍的表达规律：“因为文体来自语言次序，某种常见的次序又多是实践中选择出来的。选择的标准又常是由效果好而定的。用久用多了，成了传统，成了套子，沿用的人也忘了它的所以然。”[①] 他所说的“套子”就是指八股文的写作模式。张中行先生认为八股文单就表达方面值得颂扬的有兼容并包、无中生有、化难为易、妙不可言等，“由技巧的讲究方面看，至少我认为，在我们国产的诸文体中，高居第一位的是八股文……”[②] 金克木先生说：“八股

① 启功：《说八股》，启功、张中行、金克木《说八股》，北京：中华书局2000年版，第2页。

② 张中行：《〈说八股〉补微》，启功、张中行、金克木《说八股》，北京：中华书局2000年版，第67页。

文、五七言诗、四六言文，是中国古代文学语言的书面形式中历久不衰屡经考验的‘文’体,同时符合‘应对’的文‘心’。无论是应试、应酬、应景都可采用。这是汉文体式，古代文心。”[①] 他们不约而同地对八股文的体式要求给予褒扬，这是值得注意的。八股文虽然是一种考试体式,但不是随便弄出来的“伪文体”，它是从“经义”“论”的体式逐渐演变而成的，是在千百年的不断淬炼、增益中形成的，符合一般论述性文本的表现规律与技巧，而且是论述的辞赋化、文学化，能充分展现汉文字的特点与美感，是一种集大成的综合性的表现体式，因而能在相当程度上检测出人的言语基本素养，能写八股文，写其他体式的基本功都具备了，学习其他体式写作就不是什么难事。尽管其注重格式、文采，存在限制过严、压抑个性的弊端，但其合理性显而易见，需要很好地开掘与继承。

我国在 20 世纪初废除八股、科举之后，在很长一段时间内没有专门的考试体式，直至 2000 年公务员考试开始考申论，才算接续上了考试体式的传统。但还只能说开始有了考试体式，不能说有了较为完善的考试体式。同时，申论是专门针对公务员考试而设，对高中生的语文考试，尚无与其相匹配的考试体式，只好以记叙文、议论文充数，或是所谓的文体自选，就是爱怎么写都成，缺乏统一的体式要求，难以公正、全面地检测出学生写作能力，语文课程也就没有培养文本规范、文字能力的基本目标、要求。

考试体式对于写作能力的评价，对于课程、教学目标、要求的定位，有其存在的必要性、重要性。否则，考试体式不会在教学中延续两千多年长盛不衰。

---

① 金克木：《〈四书〉显晦》，启功、张中行、金克木《说八股》，中华书局 2000 年版，第 165 页。

三、现代教学体式：表达方式、普通文、文类

我国现代语文教育是在“禁八股”“废科举”之后诞生的，“禁八股”，也把考试体式给禁了。从此，教学体式的主体不再是考试体式，而是应作文训练需要而设置的。所谓的教学体式，或是作为表达方式、表现方法，或被认为是文类、普通文等，定位、名称始终较为混乱，但有一个共同点，教的是“伪文体”，属于“伪写作教学”。

陈望道先生认为教学体式是他首创。他在《作文法讲义》中宣称自己一改“文章作品上的分类法”为“作文法上的分类法”，即专门用以教学训练的分类法：包括记载文、纪叙文、解释文、论辨文和诱导文等五种文式。他还设计了练习程序：“即先练习记载文，次练习纪叙文，又次练习解释文、论辨文和诱导文”。[①]

其实，如前所述，教学文体一千多年前真德秀的《文章正宗》已经首创过了。清末，来裕恂的《汉文典》把文章分为三体九类：叙记——序跋类、传记类、表志类；议论——论说类、奏议类、箴规类；辞令——诏令类、誓告类、文词类。这“三体”显然是来自真德秀，其叙记、议论、辞令，与《文章正宗》的叙事、议论、辞命相似，只是少了“诗赋”——这还是属于“真文体”分类。

高语罕《国文作法》[②]将文体分为叙述文、描写文、解说文、论辩文四种，实为四种“文类”，下面均包含若干具体的体式。如：叙述文分为历史的叙述文、虚构的叙述文；描写文分为科学的与艺术的；解说文包括演说录、讲义、疏证文、说明书、附记、工程计划书、

① 陈望道：《作文法讲义》，《陈望道学术著作五种》，复旦大学出版社2005年版，第53页。

② 高语罕：《国文作法》，北京：北京教育出版社，2014年版。

叙事文中对人和事的解释等；论辩文包括论说文、批评文、辩驳文、诱导文等。高语罕先生所做的文类划分不尽科学，上位概念像文类，具体内涵又像是表现方法、表达方式。

梁启超《中学以上作文教学法》认为："文章可大别为三种：一、记载之文；二、论辨之文；三、情感之文。一篇之中，虽然有时或兼两种或三种，但总有所偏重。我们勉强如此分类，当无大差。作文教学法本来三种都应教，都应学，但第三种情感之文，美术性含得格外多，算是专门文学家所当有事，中学学生以会作应用之文为最要，这一种不必人人皆学。"[①] 这里的应用之文，是除了情感之文外的记载之文与论辨之文，即今天的实用文。在应用之文中，梁启超反对偏重论事文，认为最重要的莫如叙事文。

教学体式还可追溯到夏丏尊先生1919年编的讲义稿——1926年正式出版的《文章作法》，将文体分为：记事文、叙事文、说明文、议论文四种，另加小品文："二三百字乃至千字以内的短文"。夏丏尊认为小品文与前四种"性质不同"，小品文指的是一切篇幅短小可用来练习写作的文章。

夏丏尊、叶圣陶先生合编的《国文百八课》《初中国文教本》，将文体分为记述文、叙述文、说明文、议论文四种：记述文——记事物的形状、光景；叙述文——叙事物的变化经过；说明文——说明事物和事理；议论文——评论事物，发表主张。[②]《初中国文教本》还作了应用文和文艺文、散文和韵文的划分，同时还涉及报告、表白、书信、仪式文和小说等下位文体。叶圣陶校订的《新编初中精

① 梁启超：《作文教学法》，《饮冰室合集》专集第15册70卷，中华书局1936年版，第2页。

② 夏丏尊、叶圣陶编：《国文百八课》，刘国正主编《叶圣陶教育文集》第五卷，北京：人民教育出版社1994年版，第44页。

读文选》，将文体分为：记叙文、抒情文、说明文、议论文四种。《国文百八课》将记述文和叙述文合称记叙文，议论文和说明文合称为论说文。

今天记叙文、说明文、议论文名称，与上述各家分类有着错综复杂的渊源关系。

陈望道、高语罕、梁启超先生所谓的文体，均在不同程度上类似于表现方法、表达方式。高语罕先生将叙述文分为历史的叙述文、虚构的叙述文，将描写文分为科学的或分析的，与艺术的，或暗示的，这里的“二级体式”便是指表现方法；在提及“解说文”时谈到“叙事文中对人和事的解释”，这显然说的是表达方式。陈望道：“我们这一种文体分类法，是作文法上的分类法，并不是文章作品上的分类法。实际做成的文章，大抵一篇文章中含有两种以上的文体。如先解释题义，然后论辨论旨之类。要将每篇文章，归入哪一类，实际几乎不可能；至多，只能看彼全体底旨趣接近哪一种便将彼归入哪一种。然而从文章作法上看，这种分法，却确乎不可移动。譬如一篇文中含有解释和论辨两种文体时，作解释体一部分，便必须依作解释文的方法，作论辨体一部分，便必须依作论辨文的方法，这都断然不得逾越。因为这样，所以在读本方面最好能够注意‘什么兼什么体什么体’，不要囫囵地说这一篇文章是什么体。”[①] 梁启超：“文章可大别为三种：一、记载之文；二、论辨之文；三、情感之文。一篇之中，虽然有时或兼两种或三种，但总有所偏重。”[②]——一篇文章可以兼用若干文体，表明这不是文体，而是表达方式，即今天

① 陈望道：《作文法讲义》，《陈望道学术著作五种》，上海：复旦大学出版社 2005 年版，第 53 页。

② 梁启超：《作文教学法》，《饮冰室合集》专集第 15 册 70 卷，北京：中华书局 1936 年版，第 2 页。

说的五种表达方式：叙述、描写、说明、议论、抒情。

叶圣陶先生则将记叙文、论说文作为“普通文”中的一部分，视为“真文体”中的实用体式：“文学之外，同样被包在国文的大范围里头的，还有非文学的文字，就是普通文字。这包括书信、宣言、报告书、说明书等等的应用文，以及平正地写状一件东西载录一件事情的记叙文，条畅地阐明一个原理发挥一个意见的论说文。中学生要应付生活，阅读与写作的训练，就不能不在文学之外，同时以这种普通文为对象。”[①]“普通文”就是实用文，属于“真文体”，然而，记叙文、论说文并非实际应用的真文体，也不是真文体中的文类，而是伪文体，是虚拟的教学训练体式。——若是作为文类，叶圣陶先生怎么从没说过它们具体包含哪些体式？这大半个世纪的语文教育，延续了叶圣陶先生将教学文体视为“真文体”的认知，或是误将其作为“真文类”的名称，实际上从事的是伪写作教学。

由此可见，我国现代对教学体式认知是极不统一、明晰的，简直就是一笔糊涂账。将表现方法、表达方式当作文体，或将教学（训练）体式作为应用文、普通文、考试体式，几乎没有涉及“真文体”写作教学，是纯粹的伪文体教学、伪写作。——如果勉强将训练体式记叙文、议论文视为考试体式，这两种简陋的文体是难以当此大任的，没法像八股文那样达成全面评价学生文字水平的目的。事实上这些语文界名家从未明确说过它们是教学、考试体式。

综上所述，我国古代设置专门的考试体式，考试体式以八股文为主，兼及诗赋、论、诏、诰、表、判、时务策等，以考试体式作为主要的教学体式，还旁涉一些日常应用的“真文体”；考试体式

① 叶圣陶：《对于国文教学的两个基本观念》，叶圣陶、朱自清《国文教学》，开明书店1947年版，第7—8页。

明确针对的是作为从政者所必需的文字素养，旁涉的真文体写作是为了适应日常生活所需或学生个人的兴趣爱好，这些在两千年中逐渐形成的课程、教学内容与考试、教学体式的认知，是值得认真参考、思考的。走出混乱、无效的伪写作教学，回归指向“表现与存在”的真写作，是当务之急。我们究竟需要怎样的考试、教学体式，应摆上议事日程了。

学术论文浅议

多数教师对论文并不陌生，写过，有的还常写；教育刊物就在书桌上，举手可及，里面不就是“论文”？其实，他们写的、读的，与教育刊物上的，多数不是论文，是教学实录、设计，或教学心得、体会、经验总结、作品赏析、教学评论……有的教师说自己发表过几十篇、几百篇、上千篇论文，说实话，也许真论文不多，甚至一篇也没有。

多数教师不会写论文，不知论文为何物，是不争的事实。

什么是论文，学术刊物对其有格式上的统一规定，对其内容虽没有明确规范，没有刚性的认证方法，很难给出客观的标准，但还是有一些共同的要求与追求。对此，我不敢说自己的理解一定对，以下说的只是一家之言——确切地说，是一己之浅见，就教于诸位同仁。

论文，全称学术论文。将这四字拆开，分别说说。

一、学，治学、学问

学术论文之“学”，是求知、做学问——即所谓治学。

懂得为什么要治学，是论文写作的先决条件。

从本质上说，如亚里士多德所言：“人是求知的动物。”“有经验的人较之只有些官感的人为富于智慧，技术家又较之经验家，大匠师又较之工匠为富于智慧，而理论部门的知识比之生产部门更应是较高的智慧。这样，明显的，智慧就是有关某些原理与原因的知识。”① 求知、写论文，出自人之自然本性。求知，是对原理、原因的寻求，在其背后是“智慧”显示，是基于人类对万物存有普遍的好奇心、探究心。学问高于官感、经验，理论知识高于实践经验，有高深的知识，意味着有智慧；正是求知的天性，使人成为世界上唯一智慧的动物。

将官感、经验升华为理论知识——求知，是人之本能、本分。做学问，是求知范围内的事：人是求知的动物，你是人，所以要做学问，获取高智慧。这是最质朴，也是最到位的答案。人类文化生产是基于人求知、求智之本性。这是学术研究最纯粹的原动力，是没有也不应附加其他功利性条件的。

往崇高点认识，可以从人生境界修炼上来说。《礼记·中庸》中写道：“故君子尊德性而道问学，致广大而尽精微，极高明而道中庸。”此为君子修身之道：尊德性，道问学。“尊德性”，是遵从、推崇人至诚的天性、本性；“道问学”，是基于人之天性、本性去追求学问——以达成“致广大而尽精微，极高明而道中庸”之境界，才称得上君子。这是对人的极高要求，也是对学问的极高要求。须有对治学的热爱、向往、至诚之心，才可望实现学问的广大而精微、高明而中庸。“尊德性而道问学”，是对君子的要求，首先是“为己”而学，是自我涵养、修持，不是“为人”，即不是为人前显摆，为治国、平天下，自然更不是作为谋取功利的手段。治学，是理想人格的涵养，是文化人、文明人的标志。最简单的说，把治学作为人之为人的本分去追求就对了。“学而优则仕”，治国、平天下，是修己之后

① ［古希腊］亚里士多德著，吴寿彭译：《形而上学》，北京：商务印书馆1983年版，第2页。

顺势而为的自度度人、自达达人。

因此，治学最要破除功利主义、实用主义学问观，不应以治学谋求功利，把其当作“敲门砖”。要是心有旁骛，为评职称、升官、牟利……便难以做好学问，不算真正做学问，够不上真学者、纯粹学者，更够不上君子之境界。这确实是难以达到的境界，“虽不能至而心向往之”。

有志于自我修炼、成全之人，应树立为修己、富才、利他而治学，“为学问而治学问”“学问就是目的”的学问观。梁启超先生说：“则凡真学者之态度，皆当为学问而治学问……为学问而治学问者，学问即目的，故更无有用无用之可言……循斯义也，则同是一学，在某时某地某人治之为极无用者，易时易地易人治之，可变为极有用，是故难言也。其实就纯粹的学者之见地论之，只当问成为学不成为学，不必问有用与无用，非如此则学问不能独立，不能发达。”[①]治学是为了成全、重塑、提升自我，照亮人类的今天与未来。“学问就是目的”，不必计较当下有用无用，更不能计较有利无利，这是治学应持的精神、态度。明白为什么治学，最为重要。

进一步的问题是何谓“学问”？清代史学家章学诚对此作了清晰界定：“功力之与学问，实相似而不同。记诵名数，搜剔遗逸，排纂门类，考订异同，途辙多端，实皆学者求知所用之功力尔。即于数者之中，能得其所以然，因而上阐古人精微，下启后人津逮，其中隐微可独喻，而难为他人言者，乃学问也。”[②]他严格区分功力与学问，认为学问高于功力。博览群书、死记硬背不是学问，仅仅了解、记诵、考订、辨识也不是学问，只是功力。要能够洞悉经典中的道理，发现其精微之处，做承上启下的独特阐示。要有自己

① 梁启超：《清代学术概论》，上海：上海古籍出版社1998年版，第48页。

② 章学诚：《又与正甫论文》，《章学诚遗书》，北京：文物出版社1985年版，第337页。

的领悟、发扬、创新，经世济用，对后人有所启发，即对所学的深掘、精研、再创造，才是学问。功力与学问之差异，类似于今天所谓的占有与存在的差异，其要求甚至还更高。学与思结合即存在，但还不算是学问，必须要有所承启、光大，才是学问。

弄清何谓学问，是对官感、经验思维的纠偏。今天多数所谓论文是凭感觉、靠拍脑袋拍出来的，知其然不知所以然，有点教育、教学“成功”的经验，应试成绩不错，便自以为是，信手拈来时尚的教育术语，打出旗号，自称“某某教育”“某某语文”之类，说出来一套一套的。——求知之“知”，是对普遍性经验的归纳、升华，不能凭一己经验想当然；不是浮皮潦草地读几本书，懂一点众人皆知的知识、概念就够了，甚至不是能引经据典就说明有学问。要知道什么才是要追求的治学境界与知识结构；要博学、深思、明理，打下坚实的学养基础；要对知识作深度洞察、阐发、弘扬，要为“致广大而尽精微，极高明而道中庸”竭尽所能，才是治学之正道，才有写论文的底气与见识。

没有治学之志不是好学者；缺乏学问底蕴写不出好论文。

二、术，治学方法

有志于“学”，还得有“术”。做学问要讲求方法，随意地读、思、写，即便很勤奋，肯钻研，不算真正做学问，不可能实现治学之志。

治学方法很多，也有个体差异，但总有些共同规律必须遵循。最基本的方法是古人所言“我注六经”与“六经注我”，类似冯友兰先生的“照着讲”与“接着讲”。他在《贞元六书》中《新理学》“绪论”说：“我们现在所讲之系统，大体上是承接宋明道学中之理学一派。我们说‘大体上’，因为在许多点，我们亦有与宋明以来底理学，大不相同之处。我们说‘承接’，因为我们是‘接着’宋明以来底理学讲底，而不是‘照着’宋明以来底理学讲底。因此我们自号我们的系统为新理学。”[①] 何谓“照着讲”？冯先生说:“我在这部著作（即下文的《中国哲学史》）里利用了汉学家研究古代哲学家著作的成果……在《中国哲学史》中，我尽量使逻辑分析方法的应用保持在适当限度里。……我不愿只做一个哲学史家。所以写完了《中国哲学史》以后，我立即准备做新的工作。”[②] 他的《中国哲学史》是“照着讲”,他的“新的工作”,指的是写《贞元六书》,是“接着讲”，接着中国传统哲学继续讲自己的哲学观。这就是他的治学路径：先做哲学史家，再做哲学家。能在“照着讲”基础上“接着讲”，才算是哲学家。这也是学者普遍的治学路径：先“照着讲”，再“接着讲”;先要成为“某某史家”，才能成为“某某学家”。就教育研究来说，要先成为教育史家，才能成为教育学家。

“照着讲”，就是要了解前人在某领域重要的思想成果，对其进行系统、深入地钻研，去伪存真，梳理其来龙去脉、因果变革，对其作较为客观的阐释、辨析。最好能够对代表性人物、论著逐一进行研究，写出专文，在这基础上，再写出专著，即《中国哲学史》之类。固然，能如冯先生那样写出《中国哲学史》的人不太多，但不论是否能写出，都应向这个方向努力，这是老老实实做学问最重要的方法。从严格意义上说，没有这一过程中形成的厚实的积淀，便没有发言权，更遑论“接着讲”了。

这么说也许并不过分，因为没有对本学科、专业、领域全面、深入了解，不知道什么是前人已经思考过、解决了的问题，什么是当下的问题状况，你说的岂不是瞎说？任何学问都有一个认知累积过程，你做的学术贡献，必得是这个领域认知链条中的一环，先要

---

① 冯友兰：《贞元六书》，上海：华东师范大学出版社 1996 年版，第 5 页。

② 冯友兰：《中国哲学简史》，北京：北京大学出版社 1996 年版，第 296 页。

承先，才能启后。没有承先，便想启后，那是痴心妄想。治学上一分耕耘未必有一分收获，但任何的偷懒、怠惰，都会受到惩罚。

“照着讲”是一个漫长的过程。由于前人、他人留下的著作甚多，往往难以一次性研读完，需在这里不断拓展、开掘，反复精耕细作，即便如此，毕其一生也无法完成这一任务。这并不意味着放弃，只能尽其所能、竭尽全力去做。能有从微观、中观到宏观的洞察，就大致上可以取得发言权了，剩下的是锦上添花的事——多数人畏难，选择了绕道而行，其治学成就必定大打折扣，甚至为零。

“照着讲”难，“接着讲”更难。“接着讲”是对前人、他人的超越与发展，是一种集大成，我称之为“整合的原创”，即朱熹说的“集群圣之大成而折衷之”。这种“整合的原创”只有在“照着讲”之后才能做到。“照着讲”给“接着讲”提供资源与眼光。“照着讲”重在了解、消化他人的思想，使认知得以高瞻远瞩、高屋建瓴；“接着讲”是表达自己的思想。推动学术进步，这便是“立言”，从而使作者进入了学科史之中。就学者而言，须有“照着讲”与“接着讲”，才是完美的学术人生。

不是只要“照着讲”就自然而然可以“接着讲”。许多人一辈子辛辛苦苦“照着讲”，积攒下丰厚资源，却没能“接着讲”，原因在于“入乎其内”而不能“出乎其外”，被他人的思想“困”住了，缺乏洞察力，缺乏超越的眼光、智慧，才智、见识不足，想象力、原创力不够。功亏一篑，抱憾终身。

这自然是从宏观上来看学术之“术”，对于年轻作者、非专业学者——普通教师科研来说，正确的治学态度、方法，学术人生的长远规划不可不知道，但毕竟不是人人都能成为大学者，都能走通、走好治学之路，因此，也可降格以求：一边“照着讲”，一边着手研究问题。这是一个水涨船高的过程。从“照着讲”——系统研读本学科的经典著作入手，能做多少是多少，多多益善，力求古今贯通、内外贯通、中外贯通，从“述而不作”“述中有作”到“以作为主”。经过日积月累，是否可以“接着讲”，能否进入到学科科研前列，“接着讲”的内容能否积淀进学科史，那就看下功夫多少与各人的天资、造化了。

只要想进入学术领域，不论最终能否“接着讲”，都要从“照着讲”做起，要从研究学科史入手，否则，便无缘于学术殿堂，贻笑于方家。

三、论，议论、讲道理

论文之“论”，即议论、讲道理。

学术研究成果以论文为基本载体，写论文的目的是求真、传道、解惑；具体地说，是表达自己对某一问题的主张、看法、观点，在论文中这叫论点。论文是围绕着论点进行议论、讲道理的文章。

毋庸置疑，论点必须是自己的；如果不是自己的，写论文就没意义了。遗憾的是，现在许多教师的“论文”没有自己的论点，不是论点、材料都是别人的，拼凑成文，就是以自己的经验印证别人的论点。

没在“照着讲”上下足功夫，不了解该领域的问题状况，即便论点是自己的，也未必值得写。论文要求真，论点要有新意。没有系统研读本专业、领域、选题内的重要论文、论著，对论题没有广泛、深入的研究，凭有限的知识、经验，即便论点是自己想出来的，也未必有新意，很可能前人、他人早说过了，而且说得比你好。没有大量研读相关资料，论点与别人撞车的可能性便很大。

有新意、价值的论点可以分两类：一是原创性的，一是再创性的。不言而喻，原创性的价值高于再创性。

原创性的观点是前无古人的言说，也包括我前面说的“整合的原创”——“接着讲”。这需要第一手的归纳、抽象，或对他人思想的折中、改造、重构，这很难，只有极少数天资聪颖，功力、学养深厚的人才能做到。具有原创性思想成果的堪称大师。

绝大多数论点是再创性的，也很值得称道。这是在他人原创性观点下，进行演绎、丰富、深入，大多是二级、三级等的再创。这是多数资质一般或还没有扎实学问根底的人的较好选择。论点是从别人原创性论点中分化、分解出来，或谈一点对别人论点的心得体会，将别人的观点演绎、应用到自己专业、领域，使他人的观点得以具体化、实践化。例如杜威的实用主义哲学、教育学，传入中国，陶行知先生的生活教育、社会教育、教学做合一，叶圣陶先生的语文应付生活论、工具论、生活源头论，今天许多学者、语文教师的生活语文、生活写作、语文生活化、生活语文化、大语文、写生活、贴近生活、生活是写作的源泉、语文学习的外延与生活的外延相等，等等，都是从杜威的教育即生活、学校即社会，工具主义，实利主义等观点中衍生出来的。

在他人原创性理论框架下立论，很方便，也很危险。任何理论都有其局限，时过境迁，暴露出的问题更多。要是一成不变、不加分析地照搬他人论点作为演绎的大前提，大前提错了，由此做出的推断、应用也跟着错了。因此，单靠演绎形成自己的论点是靠不住的，需要归纳、证伪、比较、整合、分析……形成有修正性、发展性的论点，才是有意义的。因此，不可盲目运用习见的“真理”、论断，应是验证、批判地运用。

“论”，有自己的新论点还不够，要对论点进行阐释、论述、论证、自驳、反驳——讲道理。论文之“论”，表明其关键是说理。可以“叙”——摆事实，但重心是讲道理。不但要知其然，还要知其所以然。今天观点加材料的论证、观点与材料统一的要求，重心是摆事实，而且是选择性、片面地摆事实，以偏概全，这是不讲理，没有说服力，论点便站不住脚。判断是否讲道理的最简单方法就是看文章中“叙”多还是“论”多，所“论”说服力怎样。

能自圆其说是无效的，未必有说服力。任何论点都可以毫不费力地找到与其相匹配的材料，可以轻易将片面的论点说得很“圆”。所谓持之有故，言之成理，不过是“公说公有理，婆说婆有理”罢了——只要有一个反例，就能使其论点瞬间崩溃。自圆其说是“霸道”，众服其理才是“王道”。

要众服其理，便要克服、超越一厢情愿的论证，要学会具体问题具体分析：辩证、发展的分析，历史、逻辑的分析，质与量的分析，同与异的分析，多视角、多维度的分析等。任何论点都是具体的，都是有条件、相对的，没有抽象、绝对的对和错。论点要经受实践、时间、他人的检验——证伪，才能立得起来，才更具“逼真性”，才能获得较高的认同度。

“论”，意味着高质量的论点与高水平的分析、说理的统一，力求论点逼真、以理服人。

四、文，论文体式

任何文体都有其体式要求。论文的体式包括外在格式规范与内在行文逻辑。

外在格式规范比较容易掌握，其标题、署名、摘要、关键词、导言、本论、结论、参考文献等要求，找一本“学报”看看，便很容易了解、掌握。有几点要注意：摘要，一般要求 200 字内，对全文观点、创新点作简介，不必介绍写作背景、目的、意义。关键词，3~7 个名词或名词性词组，表明论题讨论范围。引文，务必注明出处，重复率不超过 25%（含 25%）；如引用不注明出处，视同剽窃。参考文献，写法要合乎规范，不能丢三落四。后两条特别重要，务必谨记。

比较难的是内在行文逻辑。要求做到思路清晰、顺畅，形成一个相互衔接、说明、补充、丰富的有机整体。初学者尤其要注意围绕论题、论点理顺思路。最好要先写出详细提纲，要反复推敲、修改，使其构成最佳的说理系统。

论文主体可分为导言、本论、结论三部分。

驳论思维，是贯穿主体的隐性逻辑。论文先天的带有驳论性，即所谓“不破不立”——是因为不赞成或不满足他人的认知，才要写论文表达自己与众不同的观点。驳论意识，体现为既要驳前人已有的相关认知（包括否定、整合、发展、深化前人的认知），又要捍卫自己的论点，为读者、后人释疑解惑。要改变自说自话的证明模式，开启证伪模式，以提高论文的说理性、说服力。

导言即论文的开头，作用是表明议论的对象、缘起、目的、意义等。可以提出问题，阐明中心论点，也可以仅仅提出问题，将论点放在结论部分。针对他论、敌论提出问题，论题、论点具有驳论性、超越性，使以往认知有所发展、推进，论文才有意义，读者才能感受到求知的快乐，产生阅读兴趣。

本论是说理展开部分，理清论述逻辑顺序最为重要。说理，是为了说服读者，使之信从自己的论点，便要关注读者可能存在的“反驳”意向。因此，虽然文章意在“立论”，却要时时猜测读者的质疑与反驳，将说理重点放在防御与消解质疑、反驳上。如此，说理才能说到点上，说在读者的心坎上，才有较强的说服力。

可将本论分为若干部分，一般以三到五个部分为宜，每一部分冠以小标题，小标题就是中心论点下的分论点。可按照由主到次或由浅入深排列。所有分论点要围绕中心论点进行论述。各部分内部的层次、段落也要按照说理需要展开，或并列或递进，井然有序。驳论意识要体现在整个说理过程中。

有些技术性要求可提高说理的质量：各层次、段落的第一句为中心句，围绕中心句写，便不会跑题。注意上下文的衔接、过渡、照应，论文便眉清目秀，浑然一体，一目了然。

结论部分就是文章的结尾，一般是一段，也可以多段。内容是承上归纳、概括出内涵较为丰富、具体的基本观点，也可以进一步指出其理论与实践价值，或后续研究的愿景、方向、工作等。结尾重点的确定，也要服从于说服读者、防御质疑的需要。

结尾是说服读者信从自己论点的说理系统的一部分，也是阻止其反驳的最后一道防线。

以上对学术论文的讨论，是针对习作者的基础性认知。有志于此者要谨遵治学之修己、利他之宗旨，对学问怀有敬畏之心，专心致志，慎思明辨，笃学明理，一步一个脚印地前行，从求知到创知，努力为人类奉献生命的智慧之果。

附录

学殇

2015 年 12 月 27 日，我的岳父高时良先生仙逝，享年 104 岁。

我不敢说他是中国最后一位纯粹学者，因为 110 岁的周有光先生仍健在。但我敢说，这样的纯粹学者已十分罕见。在功利的教育体制下，很难产生纯粹学者。

高时良先生，教育史学界泰斗。1937 年毕业于厦门大学教育系，积极投身抗战文化建设，出版多种宣传反法西斯战争的著作，如《第二次大战中的近东与远东》《亚洲风云》《欧洲风云》《风雨海洋洲》等。还写了许多抗日随笔、评论、歌词、剧本等。那时他 20 多岁，风华正茂、才气逼人。

他 30 岁出头就担任福建省教育厅研究室主任兼编辑委员会主任，福建省新教育研究所研究员。中华人民共和国成立后任中央教科所副研究员，福建师范大学教育学院教授。主要专著有《学记评注》《学记研究》《中国教育史纲》《中国古典教育理论体系》《中国古代教育史史料学》《中国教育史论丛》等，主编《苏联国民教育介绍》《明代教育论著选》《洋务运动时期教育》《中国教会学校史》《基督教教育与中国科学文化》等，参编的著作甚多。其中《学记研究》《中国教育史纲》尤为厚重。

岳父人生之路并不平坦。学术盛年被打成右派，从中央教科所遣送回福建师范学院，继而是“文化大革命”中被批斗。重新开始学术研究已是花甲之年。所幸他挨过了艰难岁月，而且高寿，否则，便没能留下这些精神财富。还值得庆幸的是他退休早，较少受到当下科研体制的干扰，得以保持纯粹学者的超然心态。

最难忘怀的是他的临终关切。他直至期颐之年仍思维清晰，怀着强烈的著述欲望——这给他带来巨大痛苦：学者比一般人多一份牵挂，千辛万苦、积铢累寸积攒的丰厚学殖，总想倾其所有留给世界、后人，然而，他生命的最后时光，手臂无力，握不住笔，他知道大去之期将至，终日枯坐望天，逢人就念叨："我还想写一本书。"书是写不完的，生命却走到了尽头。他带着未了的心愿走了。所有学者被迫辍笔时，大约都如此悲哀——哀莫大于心不死。

余秋雨先生《藏书忧》说到学者身后藏书散佚的悲哀，颇为震撼，然而，纯粹学者壮志未竟，学养、思想随着生命逝去而消失，难道不更悲哀？

这治学之殇——学者之殇，让人黯然泪奔、痛彻灵府。

我为他们悲壮的陨落、辉煌的归隐鞠躬、致敬！

今天是清明，谨以此文献祭我的岳父与所有已逝的纯粹学者。

2016年4月4日

书魂

书是有灵魂的，你信不?

我过去也不信，直到不久前的一天清晨……

那天，我照例到操场散步，在宿舍区碰到了系里的林海权教授，他向我招手，很喜悦地告诉我，他刚买了一本邢福义主编的《文化语言学》，书中对先父著的《中国语原及其文化》评价甚高，称它是中国“五四”以后文化语言学方面承先启后的第一部专著，问我想不想看。我略一沉吟，回了一句“算了吧！”便走了。

我不知道事后林教授是否对我的失礼感到不快，想必不会，因为他是一个性情温厚的长者。倒是我自己那份淡漠渐次变得沉重起来，心里老是搁着件事儿，眼前老是浮现着一脉发黄的书脊。

我也算是出生在一个“书香门第”，家中别的没有，唯有书多。从小我与父母同居一室，当中隔开的便是一排大书橱。我可以说是在这堵“书墙”里长大的。我对书的最初的认识，只觉得那无非是印着铅字的纸罢了。

跟所有好奇的小孩一样，小时候我也绝不会放弃在家里“寻宝”的乐趣。那排大书橱自然是我搜寻的重点目标。我曾将书橱里的《史记》《汉书》《艺文类聚》《康熙字典》《辞海》什么的，一本本搬下来，翻搜个遍，再不露痕迹地“上架”复原。至今我还记得它们是摆在书橱的第几层，是靠左还是靠右。

一天，在书橱的一个不起眼的角落，看到在一脉发黄的书脊上印着一个熟悉的名字——潘懋鼎，我无法形容我那时的惊喜，是父亲写的书！抽出一看：《中国语原及其文化》，翻开来，却读不下去，勉强溜了几页，感到十分无味，于是插回去，让它继续在那个不起眼的角落待着。父亲回家时我向他问起过这本书，他好像说了什么，又好像什么也没说，奇怪的是我的记忆一片空白，怎么也想不起当时的情形。

后来是"文化大革命"，是我和哥哥"上山下乡"，是父亲"清队"（即所谓"清理阶级队伍"——笔者注）时蒙冤自尽……当我们一家不得不从大学的宿舍里搬出去时，悲愤中的母亲以少有的决然，把书橱里的书全部卖掉，包括那本令我惊喜又令我失望的父亲写的《中国语原及其文化》。

我永远记得那天。废品站的板车来了，一瞬间便拆除了那堵温暖的"书墙"。我含着泪，看着伴我长大、我无比熟悉的"书们"被硬塞进麻袋，摔到板车上，一车一车地拉走。我那少年的心陡然间升起了永失我爱的悲凉，仿佛一下子苍老了 100 岁。——在往后的岁月里，不论我在哪里看到收购废品的板车，便无来由地没了好心绪。

大学毕业后，我留校任教。有一天在学校图书馆找书，不经意间，我看到了曾"梦里寻它千百度"的那一脉发黄的书脊，我心跳得厉害！我曾无数次地自责和悔恨，骂自己为什么那么傻，不留下父亲的那本书。这时，它就在我眼前举手可及，而且，我确信已能够读懂它。可是，我终于没有伸手。是不想看，抑或是不忍看，我说不清楚。

但此后那一脉发黄的书脊时时出现在我的脑子里，挥之不去。我常常自我排遣：父亲不在了，那书在不在，那书写得怎样，已经没有任何意义了，忘了它吧！我故意显出超脱的宁静。每每有人告诉我，在某本语言学家词典里看到了关于先父的词条，我一句也不多问，顶多说一声“谢谢”。——那天我漠然地回报林教授的关切，也正是这种心态在作祟吧！

没想到这种漠然转眼间便荡然无存，想看一看《文化语言学》的愿望弄得我心绪不宁。

在愈来愈强烈的愿望的催逼下，我匆匆地从林教授那里借来了书，匆匆翻开他早就为我夹好的那一页，匆匆地读：

……如果就专著而言，潘懋鼎《中国语原及其文化》（1947 年致知书店出版）是上承梁启超语原之学，下启文化语言学的第一部论文集。……《本论》收有《初民“生”之想象与中国“姓”之导源〈释姓〉》等论文十篇。作者在《前记》里还表示打算写《中国词语及其文化》等。

我忽然彻悟：父亲从未离去，父亲因他的书而活着；那书是不死的，父亲也就不死，那书里有父亲的灵魂！每一部不朽的书里，都有一个不死的灵魂。

从此，我对书有了一种异样的感觉。当我走进图书馆书库的时候，我觉得我的周围不再是印着铅字的纸，而是簇拥着无数睿智的灵魂，他们的音容笑貌历历如在目前。他们是不死的！

因为要写书的缘故，那天我从图书馆借了一大堆的书，从抽出的借书卡里，我发现其中的一张有父亲的签名，我怔住了：30 年或 40 年前，父亲借过这本书，他曾经翻过的每一页，读过的每一字，我也将重新翻过、读过！当我也在借书卡上签上我自己的名字的时候，心里闪过这样的念头：若干年后，当我也已作古，我的女儿是否也会在借书时看到她祖父、父亲的签名呢？一定会的！

读书的人也是不死的。

书痕

（一）

我 20 多年前的散文《书魂》，是以先父的书《中国语原及其文化》（潘懋鼎，1947 年致知书店出版）贯穿的。今《书痕》为其续篇。

《书魂》从学界推崇父亲的书我却漠然处之说起，讲述童年时父亲的书的发现、费解，父亲“文化大革命”中蒙冤自尽，书作为废品卖掉；我插队，回城，考上大学，毕业留校，在图书馆与此书相逢，能读懂但不忍读——表明我漠然处之的心结。从中悟到：父亲虽然离去，他的书始终不曾离去，父亲因他的书不死。“每一部不朽的书里，都有一个不死的灵魂。”

结尾讲我因写书在图书馆寻找资料，发现一本书借书卡上有父亲的签名，突发奇想，若干年后我已经作古，我女儿或许还将读到这本书，借书卡上将留下我们三代人的签名。读书人也是不死的。

我以父亲的书为线索，以祖孙三代人在历史、现实、未来不同时空中的出场，试图揭示人类写作、阅读——精神创造、文化传承的生生不息；人类、历史、文化不会遗忘，言语、精神生命不朽。

我曾给学生读这篇散文，多年后，我常听他们说起聆听时的心灵震撼。

一次我在安溪县做讲座，结束时，一位听课教师找我，说是我十几年前的学生，我可能不记得他了，但他从来没有忘记我，没有忘记我读《书魂》的那节课。这些年，他给每一届学生印发并朗读这篇散文，从他这里听到的至少几千人，他们与他一样惊心动魄、刻骨铭心。这让我莫名惊诧与感动。我感谢我的学生、我的学生的学生对《书魂》的理解。

大家也许记得选入中学教材的名作《散步》(作者莫怀戚)。说母亲、我、妻子、儿子祖孙三代人散步，孙子突然发现“前面也是妈妈和儿子，后面也是妈妈和儿子”。作者以“童言”入题很妙，结尾点题更精彩：“到了一处，我蹲下来，背起了母亲，妻子也蹲下来，背起了儿子。我的母亲虽然高大，然而很瘦，自然不算重；儿子虽然很胖，毕竟幼小，自然也轻：但我和妻子都是慢慢地，稳稳地，走得很仔细，好像我背上的同她背上的加起来，就是整个世界。”讲的是生命的延续、轮回，人的责任、担当，是对人生的哲思。

《散步》与《书魂》都涉及祖孙三代人、生命等，二者不无相似。我以为，人类固然需要血缘上传宗接代，然而，这动物也会；言语、精神生命的薪火相传，学缘、文缘的传宗接代，才是真正人之为人的本分与责任。这是我从父亲的书的遗际中读到的，是《书魂》要昭示的。

(二)

父亲《中国语原及其文化》完成于抗战时期的1942年，出版于1947年。此间他辗转于长汀、赣州、福州等地，曾任多所学校校长，勤勉操持，积劳成疾……其做学问的艰辛、定力令人感佩。

身处乱世，求职谋生不易，养家糊口都难，父亲何以念念不忘学问，而且做出一流的学问？父亲在该书“前记”说：

“本书意在介绍一种用‘语原’研究社会文化发展的新方法……读者阅毕全书，对于中国文化如何从荒古之生生之谜的冥索而至于生之现象的了解，进而有生活技术，产生了社会组织，再进乃作文化的上层建筑——道德与法律的过程，可略体认出一脉相承的线索，似此逐步进化的迹象，今天为社会科学的原则，其实吾先民在最初造字之时，即已完全反映无遗了！此书如果能对吾先哲灵智的卓绝，创造的伟大，品性的优强，同时得到若干的发皇，民族自信力且因此油然而生，那也就是全赖此种方法本身独具的优点所获致的效果的。”

在艰苦抗战之时，父亲试图通过语原文化学研究，弘扬中华民族智慧与文明，以增强民族自信力，是为良苦用心。以此为动力，他一边应付繁忙校务，一边在母校厦门大学继续深造，一边偷空呕心沥血地写作……竭尽学者爱国之本分。

该书不论在当时还是今世均获极高评价。时贤陈遵统（曾任北京大学教授，时任福建协和大学中文系主任）评价："……观其折衷众说，剖析深微，于古代文化之推求，良多裨补。兹学尚在萌芽，方兴未艾。潘君其纠合同志，因是而益宏之，筚路蓝缕之功非异人任也。”高时良（教育史学界泰斗，曾任职中央教科所，福建师范大学教授）有言："搜罗渊博，考据详确，华夏文化探其本源，洵开‘语原学之端绪’，有功‘小学’之作也。”今人华中师范大学邢福义《文化语言学》（湖北教育出版社 1990 年版）说道："……如果就专著而言，潘懋鼎《中国语原及其文化》是上承梁启超语原之学，下启文化语言学的第一部论文集。”学界公认该书开“文化语言学”之先河，为传世之作，父亲弥足告慰。

因生活所迫，父亲不得已将两个女儿送人。然而，在百般艰难中也不放弃学问，不图名利，赔钱出书，就为了“对吾先哲灵智的卓绝，创造的伟大，品性的优强，同时得到若干的发皇，民族自信力且因此油然而生”，此乃何等博大之襟怀——今天学者扪心自问：

有吗?

我为父亲骄傲，也为无父亲之襟怀愧怍。

（三）

家学与师承，是中国文人治学极为看重的。这在父亲《中国语原及其文化》中也有所体现。

父亲的书，封面书名是我爷爷亲笔题写的，落款“潘润生署检”。爷爷讳润生（字友闻），国学修养深厚，系书法、篆刻名家。喜诗词歌赋、琴棋书画，有着根深蒂固的传统文化癖好。父亲继承了家学，该书凝聚了两代人的才智，体现了家族的文化承传与精神寄托。

封面上还有父亲的恩师余謇先生的手书题字。父亲对恩师余謇先生与厦门大学校长萨本栋先生表示感谢:“本书写作的动机，是余夫子仲詹（余謇，字仲詹——笔者注）先生引起的;写作的机会，则是萨校长亚栋（萨本栋，字亚栋——笔者注）先生给予的。”父亲求学时常到余先生处求教，先生对其关怀备至，父亲的研究得到先生的启示。他之所以说写作的机会是萨校长给予的，是因为他毕业时萨校长喜其才华，特将他留在校图书馆工作，使他有查阅资料便利。父亲还说:“本书‘本论’十篇于三十一年六月间成稿，当蒙仲詹师详阅一过,出版之日并蒙病中泐（读lè,书写）书更予题端。”余謇师不但为高足启发选题，审阅新著，还抱病亲笔题写“潘懋鼎著、余謇校”于封面，足见其拳拳之心，殷殷之情。该书凝聚了师生的智慧与情谊，表明恩师对先父的垂爱与先父著作的师承。

对于学者来说，家学极重要，但家学未必人皆有之，父辈未必都能担起“传道、授业、解惑”之责，因此，尊师、师承不可或缺。孔子曰:“三人行，必有我师焉;择其善者而从之，其不善者而改之。”

(《论语·述而》)谦虚求学，包含着对师教的敬重、采纳、甄别，也包含着对其缺点的自我反思、修正。荀子曰："言而不称师谓之畔，教而不称师谓之倍。"(《荀子·大略》)说的是言论不遵循先生的教导是背叛，教育不遵循先生的教导是背离。唐代文坛领袖韩愈对时人不尊师重道特作《师说》以期扭转世风："道之所存，师之所存也。""师道之不传也久矣！欲人之无惑也难矣。"(《韩愈·师说》)"师"是传道者，从"师"意味着从"道"，不从师无以解惑。注重从师、师承是求知、做学问的基本态度。

"一日为师，终身为父"，这么说并不过分。这也是"师承"的题内之义。

教师之为"父"，不是血缘之父，而是学业、精神之父，学缘、文缘之父。"师承"所承传的是：学业——学问文章，精神——道德文章。承传的是言语、精神生命。

（四）

没有良好的外部环境，再优秀的学者其成就也要大打折扣。无数前辈学者便因缺乏安定的环境，以致壮志难酬。

父亲27岁时完成《中国语原及其文化》，因战乱，该书五年后才得以出版，没有安定的社会环境，连出书都难，更遑论治学了。

父亲书中曾对后续研究作了展望，称其为"憧憬中的远景"："这书只是中国语原学研究的开始，继此所要努力的还有下面的几个主题：'中国象形字及其文化''中国指事字及其文化''中国形声字及其文化''中国转注字及其文化''中国假借字及其文化''中国连绵字及其文化''中国词语及其文化'，要通过这些主题之后，'中国语原学'的基础才能建立。但是这份工作在我个人的各种情形看来，要完成它，是相当的不容易的，写到这里，周围一看，百虑纷集，使我不禁愀然了。”“鼎草是书时，正是民族生命绝续的关头，而付印时则抗战已告胜利，国共和谈，召开国民大会之日，出版时国民大会闭幕，制宪完成，诚为中国整个历史发一异彩，岂特近代史然哉！但此大堪庆祝之事，恨任公先生未及见耳！不过目前我们的民族又临到最重要的转捩点，那就是和谈破裂，战争的重新开始。”父亲多么希望能完成这一宏伟蓝图，但他的心情由喜而悲：抗战结束，国共和谈，制宪成功，他的欣喜之情溢于言表；然而，内战烽烟又起，中国的前途尚不可知，他为能否实现学术抱负而忧心忡忡，惶惶不安。

尽管疑虑重重，父亲为了实现“憧憬中的远景”，为了专心治学，他不再担任校长，告别中学教育，先后担任福建省音专国文科讲师，福建省研究院副研究员，福建省教育厅新教育研究所研究员。34岁时，已是正高职称。就在这时，迎来新中国诞生。他欣喜若狂，以为可以实现学术梦想了，然而，他所憧憬的并没有成为现实。

中华人民共和国成立后他任教于福建师范学院，在频繁的政治运动中备受折磨，治学之路并不顺畅。他不能从事心仪的“文化语言学”研究，应推广、普及普通话需要，转而研究方言。在这个陌生的学术领域，他兢兢业业、全力以赴，奔波于各地搞方言调查，出差比在家的时间还多，其研究成果亦属出类拔萃，论文发表在最高学术刊物《中国语文》上，为闽方言研究做出了贡献；即使成果不署名，他也毫不在乎。

可“好景”不长，“文化大革命”开始，不但研究停止，还受到游街、批斗、侮辱。父亲跟老舍、傅雷等一样，为了捍卫做人的尊严，不惜以死明志。他的生命止于55岁这一学术研究的鼎盛期。

父亲有那么多书想写，对学者来说，学问高于一切，没有什么比安定的治学环境更重要了。

历代学者为人类奉献思想，呕心沥血，死而后已。对这些献身于人类的人，人类精神家园的建设者，社会难道不应为他们创造更好的圆梦环境?

（五）

不论是家学还是师承，都是为了文化、学术绵延不绝，后继有人。文化、学术承传，使人类德性永续，文明辉煌。

家学承传主要是耳濡目染，是文化气息的熏陶，“士”人格的浸润。亲子间直接的学问传授倒在其次。文化、学术承传主要是通过“师承”——学校教育实现的。学校肩负着这一神圣的社会责任。学校固然也培养普通劳动者，但本质上是培养精神贵族、文化传人的，是给人以灵魂的。

2016 年 3 月 4 日，我应厦门大学中文系、图书馆之邀，作《表现与存在:写作再出发》的演讲。这对我有特殊的意义:厦门大学是我父母的母校，中文系是父亲读过书的地方，图书馆是父亲工作过的地方，他的研究从这里起步。替父母报恩是我的夙愿，我珍视这一“反哺”之旅。

在图书馆“厦大文化讲堂”，我踧踖而言:写作要回到原点、原典;写作是文化、学术的传承、弘扬;成就“立言者”，是人的天命、宿命;我写故我在……学生在倾听，我的父母在倾听，往圣前贤睿智的灵魂在倾听。

演讲会主持人，厦大语言文学研究所所长林丹娅教授的评点，言得其要，切中肯綮:

潘教授的父母亲原来都是厦门大学校友，其父潘懋鼎教授曾师承中国传统语文学大家余謇教授，在中文系毕业后还曾在校图书馆工作过，而他 27 岁时所著力作《中国语原及其文化》，被行家称为是“上承梁启超语原之学，下启文化语言学的第一部论文集”。今天，潘新和教授来到厦大中文系和校图书馆联办的讲座里开讲语文与写作，在厦门大学迎来建校95周年的日子里，别有意味，堪称一则书香门第传承有序的校园佳话。

“传承有序”，即人类良性的文化、学术生态：父亲在恩师余謇先生启发下做学问，他写《中国语原及其文化》，是对母校、恩师的回报，他的贡献包含着前辈的才智；父亲继承了梁启超先生的“语原学”，开创了“文化语言学”，给后学开拓了新领域，使学术得以光大；厦门大学哺育了我的父母，我的父母、母校哺育了我，我以思想回馈社会，哺育莘莘学子，他们将给人类、后世，奉献更丰厚的精神财富，这就是人类兴灭继绝、薪火相传之“序”。

建南大礼堂、图书馆、博学楼、同安楼……留下我父母不倦求知的足迹；南普陀明月，白城海滩波涛，见证了代代学人前赴后继、川流不息。人类的精神生命，便是在校园的时空穿梭中得以永生、永恒。

明日教育随想

——面对人工智能的挑战

人工智能研发是当今世界各国科技竞争的热点，我国已经将其作为国家战略。我们无法预料，人工智能与人类的博弈谁是最后的赢家。我们只知道，多米诺骨牌已经开始倒下，在未来的几十年内，一大半的现有职业将被人工智能取代——人能做些什么？学校、教育、教师能做些什么？这是我们面临的、无法回避的严峻问题。

慕课等网络在线教育已然盛行，传统学校、课堂教育模式将受到巨大挑战与挤压，走向衰落、萎缩，以致消亡，这是难以阻止的大趋势。学校教育将变革、转型，大学、中学、小学的传统教育模式将受到不同程度的冲击——幼儿园大约是唯一不会消亡的教育形态。各级学校中各学科课堂教学的消亡时间不同，可能知识性、技能性愈强的学科，倒下得愈快，教师的智慧、学识水平将受到极大的考验，只有最优秀的教师才有可能留下。

这促使我们反思未来的基础教育、大学教育的宗旨、精神究竟是什么。学校教育中什么是超时空恒久存在的内容，什么只能通过人与人之间进行传递，什么是在线教育、人工智能难以取代的？这需要汲取我国传统教育之精华与西方教育智慧，作整合性、创新性展望。

一、教育理想：止于至善（养人）

教育不是为满足人的谋生应世之需，而是给肉体生命以灵魂，培养爱、善良、同情、悲悯、感恩之心，为其精神、德性打底，培养高贵的气质，重塑三观：人生观、世界观、价值观，使之成为有信念、信仰、操守、担当的人。这种塑造完美人格的教育理想，大约永远不可能达成，但也永远不会过时——这大约是人工智能、机器人所不可能具有的风范、情怀、境界，也不能为此努力践履。这需要人与人之间的言传身教，或耳提面命，或潜移默化，需要言语、精神生命的对接、熏陶，相濡以沫、教学相长。

从某种意义上说，教育是培养具有高尚德性的文化、精神贵族，是崇高感的培养，理想人格的培育。

所谓理想人格境界，我国古代称其为“至善”。《礼记·大学》：“大学之道，在明明德，在亲民，在止于至善。知止而后有定，定而后能静，静而后能安，安而后能虑，虑而后能得。物有本末，事有终始，知所先后，则近道矣。”——“至善”是人生修养的目标，也是教育的最高价值所在。

追求“至善”，达到了完美人格境界，可以称为儒家教育中的“成人”。“成人”，指的是具备全面、完备素养的人，与“君子”是两个概念。君子，侧重于精神、德性、品格；成人，在此基础上，要求各方面更均衡、和谐。

《论语·宪问》：“子路问成人。子曰：‘若臧武仲之知，公绰之不欲，卞庄子之勇，冉求之艺，文之以礼乐，亦可以为成人矣。’曰：‘今之成人者何必然？见利思义，见危授命，久要不忘平生之言，亦可以为成人矣。’”——这类似于今天所谓的“完人”，马克思所谓的“全面发展”的人。也许这只能是一种抽象的教育理想，是难以达到的境界。所以，儒家教育文化更关注的是培育“君子”。

在孔子代表的儒家，是通过六经、六艺来教育达成，是培养“内圣外王”；在西方，是通过“通识”教育来达成，在柏拉图理想国里是培养“哲学王”。二者殊途同归。

二、教育宗旨：塑造君子（士）人格（养境）

教育宗旨就是培养什么样的人。也许不是一般认为的培育有知识、技能的普通人：公民、劳动者，而是培养精神高贵的人。必须是具有或向往君子人格风范的人，才渴望成就、培育君子人格。

中国的文人，对培养什么人，有一个专有名词：君子，有时也称为仁人志士（道家则有真人、至人之说）。这就是专为高尚、高贵、高雅、高洁的人而设的名称。——最高是“圣贤”，不过，这是无可企及的。

孔子将人的品格分为圣人、贤人、仁人、君子、士、小人、斗筲之人等。圣贤是没法培养、修炼的，君子则是一般人可以追求的。教育主要是区分君子与小人。君子，指有较高德性、文化修养的人，是普通人的精神高标。一般人不敢自称君子，连孔子都谦虚地说自己达不到。

遍搜今天的教育词汇，没能找到一个可与“君子”相匹配的词。我们在培养什么“人”上，有一些说法，如“四有新人”“……接班人”“全面发展的人”之类，似乎还没有一个具有共识性、普适性的专有名词可取代“君子”。

什么是高贵的人？能为一种高雅的文化、德性、信念做出贡献、牺牲，以致付出生命，便是高贵、高尚、高雅、高洁的人。这与从事什么职业无关，他比一般公民、劳动者要求高，他更为看重精神境界、人格修养。

君子与小人的区别，最简单、浅显地说，在于“义利观”。君子、小人基本区别是追求“义”还是“利”。君子就是把义看得重于利的人，小人则反之。《论语·里仁》：“子曰：‘君子喻于义，小人喻于利。’”——君子“安贫乐道”，小人“见利忘义”。

子曰：“君子食无求饱，居无求安，敏于事而慎于言，就有道而正焉，可谓好学也已。”

——《论语·学而》

子曰：“贤哉，回也！一箪食，一瓢饮，在陋巷。人不堪其忧，回也不改其乐。贤哉，回也！”

——《论语·雍也》

子贡曰：“贫而无谄，富而无骄，何如？”子曰：“可也，未若贫而乐，富而好礼者也。”

——《论语·学而》

这种观念被称为“孔颜之乐”，或“孔颜乐处”，学术界一般认为是宋代理学大师周敦颐提出的。意思就是君子能安贫乐道、泰然自足，以追求道德、礼乐修养为目的。

“义利观”教育，是最具基础性的人的教育。君子不但安贫乐道，而且可以舍生取义。君子为他人、人类，可以牺牲自我、个人；为“精神”，可以牺牲“物质”；为“万世”，可以牺牲“现世”。

君子追求的是道德、仁义、义理，是人生、人格的品位、境界。在“安贫乐道”境界上，才谈得上自度度人、经世济用。

未来的教育在培育什么样的人上，应该给予一个具有人格意涵的名称，诸如孔子说的“圣贤”“君子”之类，使学生知道人格修炼的目标，以及其基本观念是什么，即要做一个什么样的人。

三、教育内容：修道之谓教（养本）

教育是人的综合素养教育，核心是“道”的教育。追求的是“本”“道”，不是“器”。

1993年至2013年担任耶鲁大学校长的理查德·查尔斯·莱文，他认为：“如果一个学生从耶鲁大学毕业后，居然拥有了某种很专业的知识和技能，这是耶鲁教育最大的失败。”

大学本科教育的核心是通识，要为学生提供广博的知识，培养学生批判性独立思考的能力，并为终身学习打下基础。“我们不给学生标准答案，我们只评价他们的论述，促使学生独立思考。我们鼓励学生去挑战教授的观点。”莱文是让每个人自由地发挥个人潜质，自由地选择学习方向，不为功利所累，为生命的成长确定方向，为社会、为人类的进步做出贡献。

这与我国当下的教育目的、内容大相径庭，然而，与我国古代教育精神不谋而合。我们的老祖宗就是这么干的：文史哲不分家，孔子的六经、六艺、四教（德行、言语、政事、文学），诗教传统等。

入其国，其教可知也。其为人也，温柔敦厚，诗教也。……其为人也，温柔敦厚而不愚，则深于《诗》者也。

——《礼记·经解》

小子何莫学夫《诗》？

——《论语·阳货》

君子不器。

——《论语·为政》

大道不器。郑玄注：谓圣人之道，不如器施于一物。

——《礼记·学记》

有子曰：……君子务本，本立而道生。孝弟也者，其为人之本与？

——《论语·学而》

兴于《诗》，立于礼，成于乐。

——《论语·泰伯》

——这些都是通识教育，这让我们对未来教育有了信心。

我国儒家教育重“德”轻“器”，重“通识”，重“道”“德性”的教育，也可以从孔子的教育实践得到启示：

《论语·子路》：“樊迟请学稼。子曰：‘吾不如老农。’请学为圃。曰：‘吾不如老圃。’樊迟出。子曰：‘小人哉，樊须也！’”

《论语·子罕》：“太宰问于子贡曰：‘夫子圣者与？何其多能也？’子贡曰：‘固天纵之将圣，又多能也。’子闻之，曰：‘太宰知我乎！吾少也贱，故多能鄙事。君子多乎哉，不多也。’”

这表明孔子不是不懂得“稼”“圃”，而是故意不教。因为，教育不是培养某一专门的知识、技能，而主要是培养仁义礼智信、温良恭俭让的君子德性。培养君子的修养，是为人之本，教育之道。

未来的教育，不仅是通识教育，更应是给言语、精神生命奠基的教育。教育重在立本，给精神打底，追求精神素养的完备，高于某一方面的精深的知识、技能。

四、教育原则：发现与成全（养才）

教育的原则是对学生潜能、才情的发现与成全，使其最大限度上发挥出潜能与才情，成为自我实现的人。

全面发展、一刀切的人才观，已然不适应人才培养需求，贻害无穷。因为他们根本不知道尊重个体的差异性、特殊性与人才的多样化。

因材施教永远是教学的第一原则。《礼记・中庸》:“天命之谓性，率性之谓道，修道之谓教。道也者，不可须臾离也，可离非道也。”

君子人格塑造的本原是“天命”，“天命之谓性”就是要尊重人的天性、本性、个性，顺应“天命”之本性，因势利导其发展，就是遵循了自然之道，修养其自然之道就是教育。说穿了就是要因材施教。

未来的教育应是个性化的，为每一个孩子量身定制的。比如缺乏数学天赋的，不必学数学。多数人学会四则运算，会用计算器操作就行。外语同步翻译机已经面世，英语将不再成为必修课。培养治学能力与创造方法是最重要的。

发现学生的天赋，是一件最伟大的工作。教师要像今天的猎头一样敏锐，善于发现人才。人都是天才，都是偏才，“认识你自己”是成才的前提，这一工作须由教师来承担。小班化是大趋势，未来的教师最重要的工作是发现人才，让学生知道自己最适合做什么。

帮助学生认识自己的天赋，因材施教、因势利导，这大约是机器人做不到的。

五、教育导向:“三不朽”志向（养志）

我国传统教育是将“养志”放在最高的位置，即所谓“志之所在，气亦随之”。“养气”是追随“养志”的。“志”，就是志向、理想。

教育实践功能，是给人生的自我实现指明方向的。从抽象意义上说，人生的方向、志向、理想，无非就是立德、立功、立言。

教育的本质，是言语生命（语文科独有的）、精神生命（所有学科共有的）的唤醒与培育。其最高境界是利他情怀、人类情怀、终极关怀，这便是人类的“诗与远方”，是自由思想、诗意人生的指向与归宿。

太上有立德，其次有立功，其次有立言。虽久不废，此之谓不朽。

——《左传·襄公二十四年》

立德谓创制垂法，博施济众；立功谓拯厄除难，功济于时；立言谓言得其要，理足可传，其身既没，其言尚存。

——孔颖达：《春秋左传正义》

教育要给学生树立三不朽的榜样、偶像：老子、孔子、司马迁、张载、韩愈、柏拉图、亚里士多德、萨特……

学问就是目的，当一个心灵自由的纯粹学者是人生的最高境界。

教师本身是最富有精神创造力的人，也应该成为学生追求“三不朽”的偶像，这样的教师便能在未来的讲台上屹立不倒。

六、教育功能：培养思想者、创造者（养智）

一切知识、技能教育，都不是目的，而是手段。明日教育更是如此，不是为培养知识、技能的占有者而设，而是为培养知识、技能的生产者，即思想者、创造者而设。最需要教给学生的能力是学习、思维方法，这是拥有知识、技能的能力，是人的智慧的养成。

《礼记·中庸》：“子曰：‘君子尊德性而道问学，致广大而尽精微，极高明而道中庸。’”这《中庸》的总纲，便是教人求知、治学的思想方法。须在顺从天性基础上求知、做学问，追求学识广博并极尽其精微玄奥，认知高明深刻而能得其平正公允。这提纲挈领说的就是养育智慧的方法。

理查德·莱文先生认为真正的教育，是自由的精神、公民的责任、远大的志向，是批判性的独立思考、时时刻刻的自我觉知、终身学习的基础、获得幸福的能力。专业的知识和技能，是学生们根据自己的意愿，在大学毕业后才需要去学习和掌握的东西，那不是耶鲁大学教育的任务。自由地发挥个人潜质，自由地选择学习方向，不为功利所累，为生命成长确定方向，为社会、为人类的进步做出贡献。这才是莱文心目中耶鲁教育的目的。——这对养智教育是有启发的。

诚如爱因斯坦所言：想象力比知识更重要。不论基础教育还是高等教育都是如此，学会知识与技能的重要性，远不如学会学习方法、思维方法。知识、技能会过时，需要不断更新、创获、生产，因此要掌握更新、创获、生产的方法，诸如批判性思维、反思力、想象力、创造力。培养批判性思维、想象力至关重要，没有批判力、想象力，便没有思想力、创造力，便没有人类文化、文明的进步。

基于养智的学习，还要基于懂得发挥个人潜质、确定生命成长的方向，以及确立高远的人生志向、意义、价值等。这就是上面说的养境、养本、养志、养才，其最高、终极目的是养人，懂得这些，才能真正拥有智慧，与时俱进地不断获得知识与技能。

以上六个方面的养育、追求，将是明日学校、教育、教师存在的理由。

关于“研学旅行”答《中国教育报》记者问

杨桂青：您认为研学旅行对于中小学教育乃至幼儿园教育来说为什么重要?

潘新和：研学旅行与一般的春游、秋游、郊游、远足等休闲、观赏活动不同，它的目的很明确，主题很单纯，是“研学”——研究与学习。旅行是“手段”，以旅行的方式，求知、治学（做学问）。游学活动，是我们的教育传统，是老祖宗做过的，司马迁、杜甫等，二十岁左右开始，都有十几二十年的游学经历。民国时期也有游学活动、毕业旅行等。

求知、治学为什么要在旅行中进行，校内不也可以?是的，校内求知、治学是学习的主要形态，研学旅行之所以作为学习的辅助性形态，是因为旅行目的地与求知、治学存在特殊的渊源关系。身临其境地感觉、感受该地人文地理、风土人情、山川景物，或是了解、学习、研究相关的生活、历史、文化、思想遗存，有助于更好地搜集、获取资源，体验、理解研究对象。

这对中小学生乃至幼儿园孩子的教育，培养良好的学习方法有重要意义。古人说：读万卷书，行万里路。读书，要是离开了行万里路过程中的阅历、实践，或与结合历史、文化、社会、生活实际的考察脱节，不能学以致用，便可能读成书呆子。“纸上得来终觉浅，绝知此事要躬行”，“躬行”就是亲身实行，身体力行。研学旅行中实地观察、调查、了解，听、说、读、写活动等，便是学习的一种重要的身体力行方式。如果在“读万卷书，行万里路”后加上一句“思万物理，写万篇文”，意思就更完整、到位，更切合研学旅行对求知、治学的要求。

让幼儿园孩子、中小学生切身感受正确的求知、治学过程、方法，对于他们学会学习，确实很有必要。

杨桂青：您认为中小学生和幼儿园孩子进行研学旅行的形式可以有哪些？

潘新和：由于不同年龄段孩子的心理特点与智力、能力发展水平存在差异，加之所处地区的人文教育资源、经济发展状况不一样，其研学旅行的形式也就不同，要因人、因地制宜。

学生研学旅行的共同点是研究性学习，即学习一种求知、治学方法。幼儿园、小学生侧重于学习求知，中学生侧重于学习治学。在这个过程中，听、说、读、写活动应贯彻始终。研学旅行形式不拘，其常规性要求是调动所有学生的参与积极性，注重实践效能。

研学旅行首先要确定选题，即确定有价值的研究对象、目的、主题、论题。选题，是研学旅行活动的开端，也是一种重要的学习、研究能力。要让学生参与进来，提出自己感兴趣的选题，师生共同讨论，筛选出最佳选题。在该选题下，共同策划旅行目的地与相关活动。每一位同学都应提出自己有创意的方案，集思广益，取长补短，形成最佳方案。在这一过程中，可评选优秀选题与策划案，给予鼓励、奖励，强化、激发其学习动机、兴趣。

研学旅行成果应以文字形式（可以图文结合）呈现。可以是考察报告、调查报告、读书报告、研究报告、论文；也可以根据学生的喜好与特长，延伸出访谈录、新闻、通讯、报告文学、诗歌、散文、小说、剧本等的写作；当然，也可以体现为歌词、绘画、演说、歌舞、戏剧表演、微电影等。让学生将求知、治学的收获，体现在言语“表现”（精神创造）上，使之提高言语素养、能力，且能从展示自我中获得愉悦感、存在感。这些成果是语文学习成绩的最好证明，比一纸试卷更有可信度。

杨桂青：诺贝尔摇篮教育集团在常德的研学旅行活动很丰富，有游览五千米诗墙，中学、小学教师讲课，小学生、中学生、大学生诗歌擂台赛，大学教授的专题讲座等，您对这些丰富多彩的研学旅行形式有什么印象？您怎样看待这些活动的教育意涵？它们对于校内教育有什么价值？

潘新和：2017 年 3 月 29 日、30 日、31 日，我在常德亲历了诺贝尔摇篮教育集团的研学旅行，触发了我对未来教育的思考。这是给言语生命、精神生命奠基的教育之旅。它的意义在于给孩子树立一个精神标杆，感受历史、文化遗存，思考生命、人生意义，了解如何使生命留痕，精神不灭。这在一定程度上给明日教育提供了思考与启示。

身临其境感受伟人、历史、文化气息，与在校读书、学习有所不同，它是一种直观的历史、人文体验，是一种重要的学习形态。

诺贝尔摇篮教育集团所做的大胆尝试，把幼儿园、小学生带出去；策划的活动样式丰富多彩，有观赏诗墙、写诗歌、背诗比赛、才艺表演、上课、听讲座等，相信会给学生留下难以磨灭的印象。我们以往的校外活动，一般只有春游、秋游或祭奠英烈的扫墓活动，内容较为单一，与此活动的丰富内涵是没法比的。现场师生、生生交流，通过比赛或讲座，教师适时地提点、开释、评价，这类综合性、体验性的活动，是慕课、在线教学、机器人难以替代的。

在这一活动中，诺贝尔摇篮教育集团的孩子们的心智素养与精神风貌，让我感到惊奇与感动。我国有着悠久的“游学”传统，但是，还从没有听说过学龄前孩子、小学生的“游学”。这是一次很有创意的学习实践活动。这些孩子在五天中，自始至终保持着兴奋、投入状态。他们与中学生在同一课堂上课，一起听讲座，与中学生、大学生打擂台，饱览诗书、才思敏捷，尽情展示才艺。他们天真而认真，敦厚而聪慧，知书而达理，快乐而踊跃，给我留下深刻、美好的印象。

他们的“诗情到碧霄”——常德刘禹锡主题研学旅游活动，教育意涵丰富。他们在常德看到了荟萃历代名诗的诗墙、纪念刘禹锡的司马楼等，记诵了刘禹锡的大量诗文，与中学生、大学生打擂台，听了关于刘禹锡诗文的四节课与两场讲座，这些组织良好的活动，使他们不能不深受熏陶、感染。其教育意涵主要如下：

首先是价值观、诗意情怀的浸淫。他们从《陋室铭》《酬乐天扬州初逢席上见赠》的教学与刘禹锡专题讲座中，懂得要做像刘禹锡那样安贫乐道、重德轻物的君子，懂得什么是君子、小人，义、利，物质、精神，高雅、低俗，这是理想人格的教育。其次是苦难观、人生观的启蒙。从刘禹锡“巴山楚水凄凉地，二十三年弃置身”的悲情中，感受到他“沉舟侧畔千帆过，病树前头万木春”的豁达、乐观，给孩子未来人生添上一抹亮色，知道如何面对坎坷、挫折。第三，从伟大诗人精神生命的永生与诗文美感的陶冶中，获得语文学习与言语表现的动力。第四，从不朽名篇中学习诗歌体式，培养诗歌写作的体式感，激发读诗、写诗的兴趣。这些都是给孩子诗意精神的奠基，使之留下深刻的记忆。

研学旅行是校内语文学习的必要扩展与救济，在应试教育语境下尤其重要。今天语文之所以成为学生最讨厌的学科，主要原因是功利主义的应试教育与学生原发性言语学习和表现欲求错位。研学旅行使学生跳脱出狭隘、异己的语文学习，穿越历史时空，走近语文名家，走进无比广阔的语文世界，看到语文的美妙绝伦、精彩纷呈的一面，感悟语文对心灵的抚慰、滋养，这对学生人生境界起到提点、升华作用，给他们以言语观、人生观、价值观的引领。